Plusieurs œuvres d'art contemporain ornent l'hospice. Cette statue de saint Bernard (page de droite), présente dans la crypte, a été sculptée dans le fer par Jean-Pierre Augier.
Le vitrail (premier rabat) fait partie d'un ensemble réalisé pour la crypte, par le peintre verrier Henri Guérin. Les céramiques (détail, second rabat) visibles dans la salle du trésor ont été peintes par le dominicain Kim En Joong.

Direction éditoriale, rédaction : Jean-Pierre Voutaz et Pierre Rouyer
Coordination, recherche iconographique et prémaquette : Pierre Rouyer
Conception et réalisation graphique : Eran Shamgar, Mediagraph
Photolithographie : Bernard Fournier, Jacques Lathion, Yvan Paroz, Image 3
Prépresse : Nathalie Rose, polygraphicstudio
Relecture et correction : Olivier Bloesch
Impression : Centre rhodanien d'impression

Découvrir le Grand-Saint-Bernard
ISBN 978-2-8399-1261-7
Première édition : 28 août 2013
© Les Editions du Grand-Saint-Bernard, Martigny

Tous droits de traduction, d'adaptation ou de reproduction réservés pour tous pays.
Toute reproduction, intégrale ou partielle, interdite sans le consentement des auteurs et de l'éditeur.

Saint Bernard d'Aoste PAGE 10
La congrégation du Grand-Saint-Bernard PAGE 24
Vivre à l'hospice PAGE 50
Le trésor d'église PAGE 72
Les chanoines, les marronniers et leurs chiens PAGE 92
Passants d'hier, passants d'aujourd'hui PAGE 106
Les archives PAGE 122
Le musée PAGE 138
La nature des Alpes PAGE 168
Randonnées, pèlerinages et camps de montagne PAGE 184

Saint Bernard d'Aoste, du Mont-Joux, de Menthon, des Alpes. Autant de noms pour l'homme qui a fondé l'hospice au XIe siècle.

L'hospice du Grand-Saint-Bernard, une immense et célèbre maison toute dédiée à l'accueil du prochain.

Bénie en 1905, la statue de saint Bernard marque le col de son imposante silhouette, et rappelle aux passants la place de Dieu dans l'hospitalité.

La vie de saint Bernard

SAINT BERNARD est né dans une famille noble vers 1020. Il suit avec ferveur son éducation chrétienne et s'oriente vers la vie ecclésiastique. Sa probité et son ascendance le font choisir comme archidiacre d'Aoste. Premier collaborateur de l'évêque, son autorité s'exerce sur la formation du clergé, la répartition et le contrôle des charges ecclésiastiques, la surveillance des paroisses et l'organisation de la charité. Cette dernière responsabilité concerne entre autres les voyageurs éprouvés qui parviennent à Aoste après avoir franchi le col du Mont-Joux. A l'époque, la mobilité est en pleine croissance

En haut
Aoste et sa cathédrale, lieu d'émergence de la vocation bernardine. En arrière-plan se profile le massif du Grand-Combin.
Ci-contre
Cette représentation de saint Bernard du Mont-Joux est visible sur la châsse reliquaire de saint Joconde, évêque d'Aoste au VIe siècle. Le saint porte la soutane, le rochet et l'aumusse qui constituent le vêtement de chœur. Il tient le bourdon d'archidiacre d'Aoste, qui a été transformé en crosse en 1762 et demeure l'un des insignes du prévôt.

Das Schneegestöber.   La Tourmente.

et le col du Mont-Joux demeure l'une des routes les plus dangereuses d'Europe. En plus des aléas climatiques, des brigands imposent des droits de passage. Les souverains d'Europe réunis en 1027, à l'occasion du couronnement de l'empereur Conrad le Salique, décident de sécuriser le chemin qui mène à Rome. Des documents des XIe et XIIe siècles laissent penser que Bernard se voit alors confier par une parente, Ermengarde, reine de Bourgogne, la tâche de restaurer le monastère de Bourg-Saint-Pierre, détruit par les Sarrasins. Jugeant plus utile d'établir une présence quelques lieues plus au sud, au point culminant du chemin, Bernard entreprend de bâtir l'hospice au sommet du Mont-Joux, vers 1045-1050. Y avait-il encore une communauté religieuse valide à Bourg-Saint-Pierre avec laquelle il aurait entrepris les travaux? C'est douteux. Bernard a probablement convaincu quelques compagnons, membres comme lui du clergé valdôtain, de le suivre. Pour survivre au col, où l'hiver dure huit à neuf mois par an,

En fondant l'hospice, saint Bernard avait à cœur de secourir les voyageurs obligés d'emprunter la voie du Mont-Joux. Les siècles ont passé, mais la vocation des chanoines du Grand-Saint-Bernard demeure intacte : accueillir le prochain.

Ci-contre
Bas-relief du blason de l'hospice, vers 1786. L'étoile de l'espérance guide les pèlerins sur les montagnes, surmontées de colonnes symbolisant les cols du Grand et du Petit-Saint-Bernard. Le cœur incite Bernard et ses successeurs à mettre leur vie au service d'inconnus. Au-dessus des armoiries, le bourdon de saint Bernard avec la crosse et la mitre du prévôt.

En même temps que l'hospice, une communauté religieuse est née, vouée au secours du prochain

La légende du saint terrassant le démon à l'aide de son étole fut écrite au XVe siècle. Cette sculpture de style baroque en bois polychrome (XVIIIe siècle) représente le saint faisant le signe de bénédiction. Le pouce, l'index et le majeur tendus symbolisent la Trinité, l'annulaire et l'auriculaire repliés signifient que le Christ est vraiment Dieu et homme.
Hauteur : 61 cm.

ces frères ont d'abord édifié de petits abris afin d'y passer les nuits sans trop souffrir du froid. Au moment d'élever les murs de l'hospice, ils se sont servis de pierres prélevées dans les ruines voisines du temple de Jupiter et de ses annexes. Bernard a-t-il lui-même pris la truelle ? L'histoire reste muette quant au déroulement du chantier. Seul l'examen des maçonneries les plus anciennes permet d'évaluer les dimensions de l'hospice primitif, qui compte déjà deux niveaux et une chapelle. Bernard place la nouvelle maison hospitalière sous le patronage de saint Nicolas de Myre, patron des marchands, dont le culte est en expansion de l'Italie à l'Allemagne du Sud. Il lui donne pour devise *Hic Christus adoratur et pascitur,* «ici le Christ est adoré et nourri». En même temps que l'hospice, une communauté religieuse est née, appelée à secourir et servir le prochain. L'œuvre bernardine et la fondation de l'hospice du Mont-Joux sont rapidement connues d'un bout à l'autre de l'Europe, les donations commencent à affluer.

Le saint représenté avec les armoiries de la famille de Menthon. En arrière-plan, à droite, s'élève la Colonne-Joux, pour signifier l'hospice du Petit-Saint-Bernard, et à gauche l'hospice du Grand-Saint-Bernard. Cette estampe du début du XIXe siècle fut gravée et vendue au profit de l'œuvre hospitalière.

Ci-dessous
Antérieur de deux siècles à la légende, le buste reliquaire de saint Bernard, des années 1200 à 1230, est la première représentation connue du fondateur de l'hospice, en tenue d'archidiacre, présentant le livre des évangiles qu'il est chargé de proclamer.
Hauteur : 50 cm.

Incarnant désormais la vocation hospitalière, Bernard reconstruit également un hospice au col de Colonne-Joux, reliant la Vallée d'Aoste à l'Isère, afin d'achever de sécuriser les principaux passages alpins du diocèse d'Aoste. Ce col prendra le nom de Petit-Saint-Bernard pour signifier à la fois la protection du saint et la moindre importance de ce col par rapport au col principal, puisque son altitude est moins élevée et son utilisation essentiellement locale.

MORT À NOVARE

De son vivant, Bernard ne cesse de prêcher. Plusieurs miracles lui sont attribués, sa réputation le précède, des foules se pressent pour l'écouter. Il se rend à Pavie, où l'empereur Henri IV († 1106) recrute des soldats pour faire la guerre au pape Grégoire VII († 1085). Bernard rencontre l'empereur et tente en vain de le détourner de son dessein. Sur le chemin du retour, malade, Bernard fait halte à Novare, au monastère de Saint-Laurent-hors-les-Murs. C'est là qu'il meurt le 12

Caractéristique de la piété populaire, cet ex-voto daté de 1872 a été offert à l'hospice en remerciement pour la naissance d'un enfant : à l'invocation de saint Bernard, le ciel s'ouvre et le miracle s'accomplit.

juin 1081 (ou 1086). Il y est enterré le 15 juin, en réputation de sainteté. En raison des miracles obtenus sur sa tombe, Richard, évêque de Novare, le canonise en 1123. Saint Bernard est mentionné pour la première fois comme protecteur de l'hospice en 1149. Ses reliques sont transférées à la cathédrale de Novare en 1552. Il est inscrit au calendrier des saints de l'Église universelle en 1681 par le bienheureux Innocent XI, précédemment évêque de Novare, puis déclaré patron des alpinistes, des habitants et des voyageurs des Alpes par le pape Pie XI, en 1923.

AUCUN ÉCRIT

Au-delà des faits avérés, la vie de saint Bernard apparaît embuée de légendes tenaces. Le panégyrique racontant ses dernières semaines remonte à sa canonisation en 1123. Il indique qu'un certain

A la légende si populaire de saint Bernard répondent l'histoire et les reliques

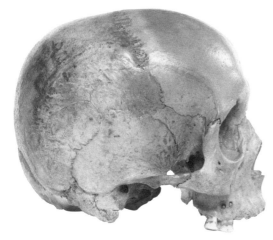

Le crâne et plusieurs ossements de saint Bernard du Mont-Joux sont conservés depuis 1552 à la cathédrale de Novare. Une analyse médico-légale, réalisée par l'Université de Milan en 1963, a établi que ces restes proviennent d'un même individu de sexe masculin, décédé vers l'âge de 60 ans. Ce serait dans ce crâne que le mot « hospitalité » a pris un sens nouveau, toujours vivant mille ans plus tard.

Azolin, parent du saint, écrira sa vie. Si cette biographie a été publiée, elle ne nous est pas parvenue. L'incendie général de l'hospice, en automne 1554, n'a laissé subsister aucun écrit de saint Bernard. Sa mention, dans la plupart des anciens manuscrits liturgiques de la région d'Aoste, de Novare et de l'hospice, a été retouchée et sa vie réécrite. Il semble que ce soit l'œuvre d'un faussaire du XVe siècle, répondant au pseudonyme de Richard de la Valdisère, soi-disant premier successeur du saint comme archidiacre d'Aoste. D'après ce récit, Bernard serait né en 923 dans la famille de Menthon. Avec l'aide de saint Nicolas, il fuit le château paternel la veille de son mariage et rejoint le clergé de la ville d'Aoste, où il devient archidiacre. Il fonde l'hospice du Grand-Saint-Bernard en 962, après y avoir terrassé un démon à l'aide de son étole de prêtre miraculeusement transformée en chaîne, puis meurt en 1008.

Cette vie légendaire de saint Bernard a un immense succès, puisqu'elle continue d'inspirer l'iconographie et les biographies, mais elle cumule les contradictions. L'auteur se présente à la fois comme le contemporain du saint, dont il date la mort en 1008, et de la translation des reliques de saint Nicolas de Myre à Bari, en 1087: impossible!

MÉLANGES HISTORIQUES

Le lien de parenté avec la famille de Menthon semble douteux, du fait qu'au Moyen Age, aucune chapelle de cette seigneurie ou du diocèse de Genève, dont elle dépendait, n'a été érigée en l'honneur de ce saint, du fait également que le prénom Bernard n'est donné à un « parent » qu'à partir de 1462 et aussi parce que la famille de Menthon ne fait pas partie des bienfaiteurs de l'hospice avant le XVe siècle. Il est à noter cependant qu'aucune autre famille ne l'a revendiqué dans son lignage. Saint Bernard est mentionné docteur *in utroque* (en droit canon et en droit civil) alors que ce titre académique n'existait pas à son époque. La fondation de l'hospice au Xe siècle n'est guère possible, en raison de l'occupation du

Ce parchemin est probablement le début du cahier contenant la vie de saint Nicolas mentionné dans le premier inventaire de l'hospice, en 1419. Le texte est écrit en minuscule caroline du milieu du XIe siècle, au moment où saint Bernard fonde son hospice. Le scribe y a ajouté des refrains en écriture musicale primitive. Début de la vie de saint Nicolas écrite par le diacre Jean de Naples.
2 folios de parchemin, 22,1 x 15,9 cm, latin (AGSB 2565).

En bas
Cet anneau pourrait dater du temps de saint Bernard. L'or est ouvragé aux extrémités en forme de serpents, symboles du salut par la croix, faisant allusion à un épisode de la vie de Moïse (voir Nb 21, 4-9 et Jn 3,14-15). L'anneau est mentionné une première fois le 11 mai 1419, lorsque le nouveau prévôt Jean d'Arces le reçoit en signe d'investiture, coutume encore en usage.

col par des brigands… La date de la mort de saint Bernard prête à confusion. L'inventeur de la légende précise l'année 1008, puis le jour de deux manières différentes et inconciliables cette année-là : le 15 juin (qui correspond au 17 des calendes de juillet) et le vendredi qui suit la fête de la Trinité, qui était le 28 mai. De là partent nombre d'inexactitudes, sans compter les mélanges historiques et iconographiques avec son homonyme saint Bernard de Clairvaux († 20 août 1153).

LES OBJETS DE SAINT BERNARD

Les reliques de saint Bernard gardées à la cathédrale de Novare comprennent son crâne, protégé dans un chef reliquaire, et d'autres ossements placés dans deux coffrets. Une tasse en bois, dont s'est servi saint Bernard durant les dernières semaines de sa vie au couvent de Saint-Laurent, a également été gardée comme relique, humble témoin d'un grand ami de Dieu. A l'hospice ce sont trois objets qui nous donnent d'approcher plus intimement la personne de saint Bernard : un anneau, un fragment de manuscrit et une écuelle. L'anneau dit «de saint Bernard» indique le rang d'archidiacre. Il se pourrait, d'après sa qualité d'exécution, que cet anneau soit un cadeau de la famille royale de Bourgogne à laquelle saint Bernard était probablement apparenté. Deux folios de la vie de saint Nicolas, entrecoupés de textes à chanter, nous font entrer dans la vie de prière de la communauté primitive. Ce manuscrit a été écrit au milieu du XIe siècle, ainsi que l'indique sa calligraphie. Il était donc neuf lorsque saint Bernard fondait l'hospice et choisissait de le placer sous le patronage de saint Nicolas de Myre. La traçabilité de cet écrit à l'hospice, l'un des rares parmi les plus anciens à

avoir échappé à l'incendie de 1554, invite à penser que c'est saint Bernard lui-même qui l'y a apporté. Quant à l'écuelle, soit une coupe en bois d'érable ou de mélèze d'un diamètre de 35 centimètres, elle pourrait avoir été l'un des premiers plats utilisés à l'hospice pour nourrir les hôtes.

Ce qui surprend en approchant la personne de saint Bernard, c'est à la fois la puissance existentielle de son œuvre – l'hospice qu'il a fondé reste, mille ans plus tard, un symbole universel d'authentique charité chrétienne – et l'extrême rareté des sources donnant accès à sa vie. Son nom lui-même demeure incertain. On l'appelle indifféremment saint Bernard d'Aoste, diocèse dont il était l'archidiacre, de Mont-Joux pour marquer le lieu de son œuvre, de Menthon en relation avec sa légende, ou encore saint Bernard des Alpes. Aucun écrit ne nous est parvenu qui aurait dit ce qui compte vraiment pour Bernard: servir la vie. *J.-P. V.*

La « coupe de saint Bernard » est mentionnée dans le premier inventaire de l'hospice, en 1419. Le 15 décembre 1847, le trésor est mis en sûreté sur le versant piémontais du col, en raison de l'arrivée des anticléricaux valaisans. La coupe tombe et se brise; elle porte encore les traces de la réparation. La cuillère en argent, plus récente, servait à donner le vin bénit.

La grotte de saint Bernard et l'hospice primitif

Le lieu le plus ancien de l'hospice est une cavité, appelée grotte de saint Bernard, de 3 m 35 de long, 1 m 22 de large et 1 m 75 de haut. Elle date des années 1050. Deux de ses pierres, en marbre blanc, proviennent des ruines du temple de Jupiter. On y accède depuis les caves, qui correspondent au rez-de-chaussée de l'hospice primitif. Il s'agissait à l'origine d'un refuge, qui permettait aux tailleurs de pierre et autres ouvriers de passer la nuit à l'abri du froid, pendant le chantier du premier hospice. Bâti à même le roc, à quelques mètres de la cavité, l'hospice primitif mesurait 18 m de long sur 13 m 50 de large. Les voyageurs y pénétraient en passant sous le clocher. Au XIIIe siècle, la grotte a été intégrée au premier agrandissement de l'hospice.

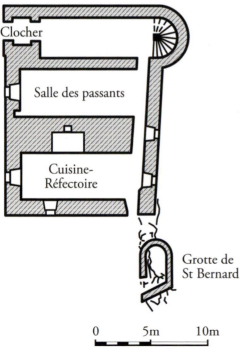

Plan schématique du rez-de-chaussée de l'hospice primitif. D'après Louis Blondel, 1946.

L'hospice au XVIIe siècle

Le prévôt Roland Viot dessine l'hospice en 1626, dans son manuscrit de la vie de saint Bernard, qu'il publiera l'année suivante (image ci-dessus). A droite se profilent la façade ouest et ses contreforts du XVe siècle descendant vers le lac. Au centre, la façade nord avec ses deux portes d'accès ayant gardé jusqu'à nos jours leur aspect extérieur du XIIIe et du XVe siècle. Elles donnent actuellement dans les caves, et sont situées de part et d'autre de l'escalier principal qui n'existait pas encore. A gauche, les trois fenêtres sont celles de la nef de l'église du XIIIe siècle. Le bâtiment en arrière-plan, à l'est, est celui de la morgue, construite en 1476. L'estampe ci-contre montre la façade sud de l'hospice avec sa tourelle d'escalier, détruite à la fin du XVIIIe siècle.

Estampe gravée en 1800, d'après un dessin d'Albanis Beaumont (1777, détail).

Dans les murs de la maison mère se trouvent les pierres de l'hospice primitif

Hospice du Grand-Saint-Bernard

Plan schématique du rez-de-chaussée actuel
1er étage jusqu'au XVIIe siècle
D'après Louis Blondel (1946)
15 juin 2013

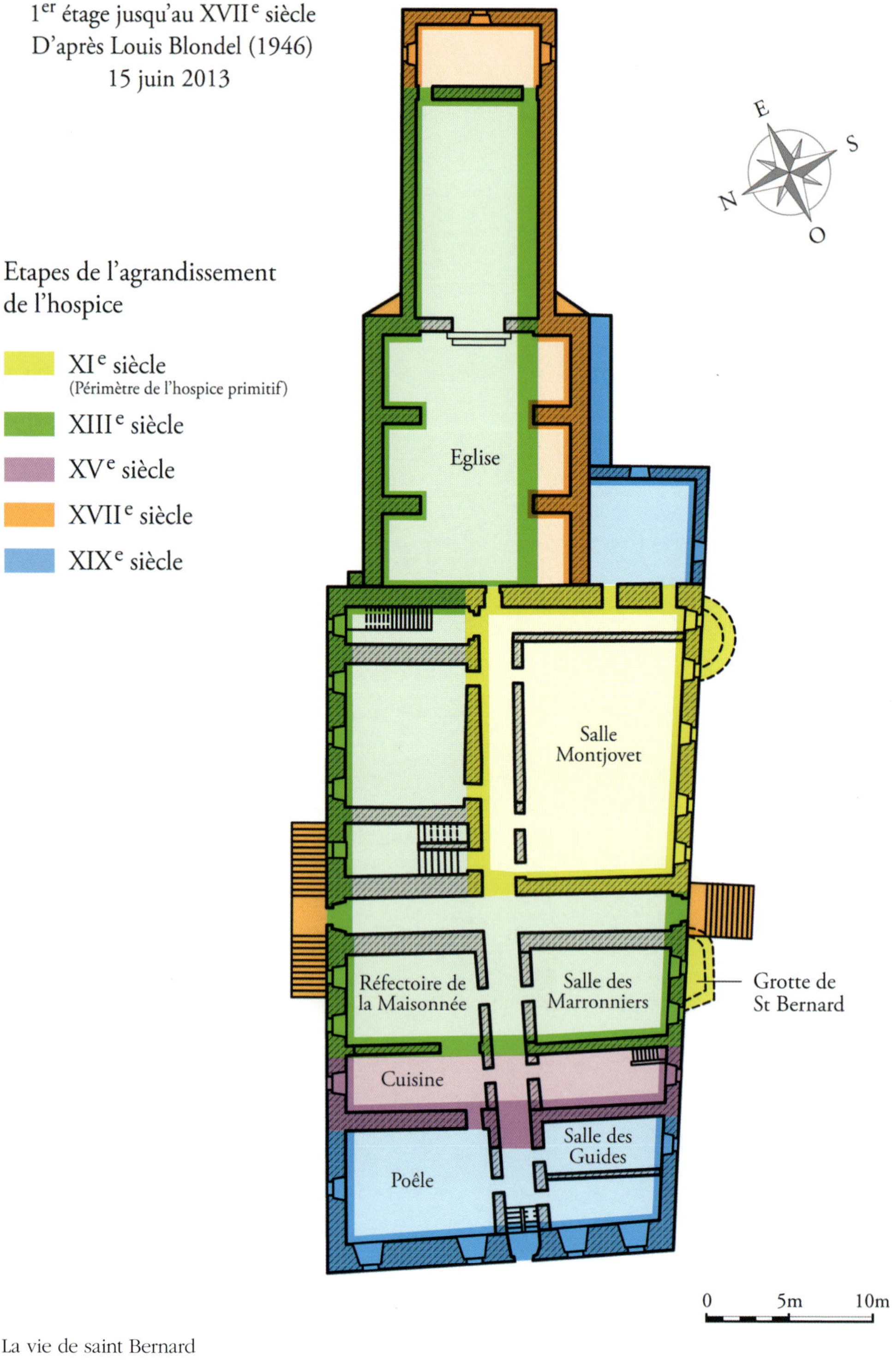

Etapes de l'agrandissement de l'hospice

- XIe siècle (Périmètre de l'hospice primitif)
- XIIIe siècle
- XVe siècle
- XVIIe siècle
- XIXe siècle

Eglise

Salle Montjovet

Réfectoire de la Maisonnée

Salle des Marronniers — Grotte de St Bernard

Cuisine

Poêle

Salle des Guides

0   5m   10m

22 | La vie de saint Bernard

La nouvelle église et la maison Saint-Louis

La grandeur de l'église impressionne. Lors de sa reconstruction en 1685, son sol a été surélevé d'un étage. L'ancien chœur est devenu le chœur de la crypte actuelle. L'hospice a également été agrandi en direction du lac et rehaussé d'un étage, de 1821 à 1827. Le clocher a alors été pris dans la nouvelle charpente. Au nord, c'est le bâtiment Saint-Louis, qui a succédé à la bergerie du XVe siècle pour briser les avalanches tombant depuis la Chenalette. Entre l'hospice et le bâtiment Saint-Louis, la construction d'une annexe hospitalière a débuté en 1894 et s'est achevée en juin 1899. Cette annexe devait permettre d'accueillir la recrudescence de passants en cette période de disette de la fin du XIXe siècle. Une passerelle reliant l'hospice à l'annexe a été construite en août et septembre 1900. L'annexe est devenue un hôtel en 1925. *J.-P. V.*

La congrégation.
Un idéal millénaire, qui donne aux chanoines de vivre en frères.

Croix pectorale des prévôts du Grand-Saint-Bernard, XVIIIe siècle.

Le 14 juin 2009, lors de sa bénédiction en qualité de nouveau prévôt de la congrégation, Jean-Marie Lovey (à droite) échange le baiser de paix avec ses confrères, ici le chanoine José Mittaz. A leur côté se tient le chanoine Daniel Salzgeber, alors prieur de l'hospice du Simplon.

La prévôté du Grand-Saint-Bernard

Antoine Norat (1633-1693) est né à Allein, en Val d'Aoste. Docteur en droit et aumônier du duc de Savoie, il est nommé prévôt en 1671. Pendant sa prélature, il fait restaurer les bâtiments de l'hospice et entreprend de faire reconstruire l'église.

En bas
Détail d'une chasuble offerte par la ville de Sion au prévôt Antoine Norat, en 1688, pour célébrer les cinquante ans du décès de l'évêque Hildebrand Jost, qui remit son pouvoir temporel au peuple du Valais.

PRÉVÔT vient du latin *prae-positus,* celui qui est placé, posé *(positus)* devant *(prae)* une autre personne. Il existait en France des prévôts civils : du percepteur d'impôts à l'officier de police en passant par le juge royal subalterne. Avec la Révolution, le mot est tombé en désuétude. Dans l'Eglise, ce mot est resté en usage pour désigner celui qui préside un chapitre de cathédrale et parfois le supérieur d'un ordre religieux.

Pour le Grand-Saint-Bernard, le prévôt devait être à l'origine – dès les années 1050 – le premier dignitaire après le prieur du monastère de Bourg-Saint-Pierre, refondé par saint Bernard. Le prieur aura remis la direction de l'hospice à son second, appelé le prévôt. Cette manière de vivre est confirmée par la formule d'adresse au destinataire d'anciens documents pontificaux. On y lit: «à notre fils bien aimé le prévôt du Mont-Joux et à tout

son convent… étant placés sous le gouvernement ordinaire du prieur».

L'hospice prenant rapidement de l'importance, son supérieur en prend aussi et devient, finalement, le supérieur ou abbé de l'ensemble des maisons. Cette évolution était déjà achevée en 1177, année où Bourg-Saint-Pierre est mentionné au nombre des propriétés de l'hospice. Le prévôt résidant rarement à l'hospice, on y établit un prieur pour le remplacer. Le premier connu, Amédée, est mentionné en 1229. Depuis lors, le prévôt conserve en titre l'Eglise du Grand-Saint-Bernard, dédiée à saint Nicolas de Mont-Joux. C'est le cas d'Aman, premier prévôt que nous connaissons, mentionné en 1127. Depuis les origines, les chanoines et le prévôt dépendaient de l'évêque de Sion tant pour leur organisation interne qu'en ce qui concerne

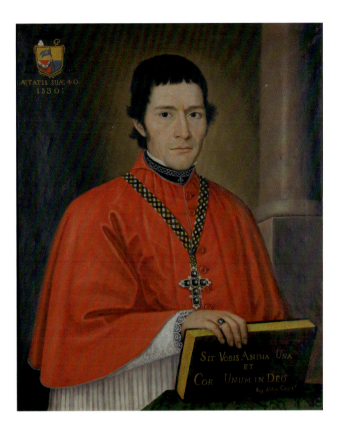

François-Benjamin Filliez (1790-1865) est né à Bruson, dans le val de Bagnes, en Valais. Il occupe successivement les fonctions d'économe, de visiteur de la prévôté, de procureur puis de secrétaire du chapitre. Elu prévôt en 1830, il s'engage activement en politique et devient délégué du clergé du Bas-Valais à la Diète, l'ancêtre du Grand Conseil.

leurs activités dans son diocèse. Le 17 octobre 1250, Falcon, 12e prévôt, signe un concordat avec l'évêché au sujet des paroisses. Au moment de son élection, le prévôt faisait un serment d'obédience à l'évêque et recevait en contrepartie charge d'âmes pour les églises desservies par la congrégation, avec la faculté de déléguer des chanoines comme curés et vicaires.

DONS DE PRÉVÔTS

Chaque prévôt contribue à sa manière à façonner l'histoire de la congrégation. Aymon Séchal, 19e prévôt (1374-1393), est patriarche de Jérusalem en 1385. Il démissionne de la prévôté en 1393 pour devenir administrateur du diocèse de Lausanne, puis archevêque de Tarentaise (1397-1404). Sa croix processionnelle archiépiscopale, qu'il a donnée à l'hospice, est l'un des joyaux du trésor. Par ce don, il incitera ses successeurs à marquer leur abbatiat en offrant l'une ou l'autre œuvre d'art. Le prévôt Jean d'Arces, lui, fait don d'un ciboire. C'est également lui qui promulgue les constitutions de 1438. En 1411, la prévôté obtient l'exemption, c'est-à-dire que tout ce qui concerne son organisation interne dépend directement du Saint-Siège et non plus de l'évêque de Sion. Ce droit, confirmé de manière définitive en 1453, s'explique par le fait que les chanoines étaient présents dans un grand nombre de diocèses, de Capizzi, en Sicile, jusqu'à Londres, et qu'il était plus simple de n'avoir qu'une seule autorité de contrôle plutôt que l'évêque de Sion et les évêques de chaque lieu d'implantation. C'est encore le régime actuel.

La montée en puissance de la maison de Savoie intimide l'Eglise, qui l'autorise à intervenir dans la nomination des prévôts, de 1451 à 1752. Les ducs de Savoie nomment habituellement prévôts des gens qui tirent des revenus de cette fonction sans se soucier de l'accueil des passants. Aussi résident-ils auprès de la cour de Savoie, au bord du Léman, à Meillerie, à Thonon ou à Etoy. Le plus jeune prévôt de l'histoire, tant par sa nomination que par son décès, s'appelle Louis

Pierre-Joseph Deléglise (1814-1888) est né à Prarreyer, dans le val de Bagnes, en Valais. A l'hospice du Grand-Saint-Bernard, il exerce les fonctions de bibliothécaire puis d'infirmier, avant d'enseigner la théologie et la philosophie. Elu prévôt en 1865, il est contemporain du concile Vatican I. Féru de botanique, il est fait membre d'honneur de la Société valaisanne des sciences naturelles en 1887.

Page de droite
Théophile Bourgeois (1855-1939) est né à Bovernier, en Valais. Elu prévôt en 1888, il contribue à améliorer l'accueil des passants. L'ouverture de la route carrossable menant au col, l'installation d'une liaison téléphonique entre la cantine de Proz et l'hospice, la construction de l'annexe, qui deviendra un établissement hôtelier, sont quelques-unes de ses initiatives.

de Savoie. Fils du duc Philibert II, il est prévôt en 1491, à l'âge de trois ans, et meurt assassiné par un de ses serviteurs trois ans plus tard. Aussitôt, ses parents font nommer son frère Philippe à ce poste, alors qu'il avait 4 ans… Le concile de Trente (1545-1563) met de l'ordre dans l'Eglise et donc aussi dans la nomination des abbés réguliers. Aussi le premier prévôt d'après le concile, André de Tillier (1587-1611), est-il déjà prêtre et chanoine régulier. Avec ses successeurs, ils vont renouer avec la charité bernardine. Ils résident habituellement à Aoste. Le prévôt Roland Viot commande le tabernacle de l'église actuelle, un reliquaire, et la grande croix gothique. Le 35e prévôt, Antoine Norat (1671-1693), fait construire le lieu de culte que l'on connaît. A cette occasion, la ville de Sion lui offre un ornement de damas blanc avec, brodé sur un cartouche, la dédicace latine: «En 1688, la ville de Sion m'a offert.» La portée politique de ce cadeau n'est pas moindre. Les chanoines du Grand-Saint-Bernard retrouvent le droit d'élire leur prévôt en 1752. En contrepartie, ils perdent tout ce qu'ils ont sur les Etats de Savoie. Ils élisent prévôt François Bodmer (1753-1758), qui fixe désormais la prévôté à Martigny. Le 46e prévôt, François-Benjamin Filliez (1830-1865), aura l'infortune de gouverner les chanoines durant les révolutions anticléricales de 1848. Ancien député ayant défendu les privilèges du clergé avec une rare intransigeance, il s'exilera en Vallée d'Aoste. Son successeur, le prévôt Pierre Joseph Deléglise (1865-1888), se rend à Rome, à la fin novembre 1869, pour participer au premier concile du Vatican. Les procédures administratives pour justifier sa fonction sont si laborieuses que le concile a pris fin avant que le prévôt ne puisse y siéger. Après lui, le prévôt Théophile Bourgeois introduit l'hospice à la modernité, y installant successivement le télégraphe, le téléphone, le chauffage central et l'électricité. En 1933, il envoie des missionnaires aux confins de la Chine et du Tibet pour y construire un hospice. A l'occasion de ses cinquante ans d'abbatiat, en août 1938, le pape Pie XI lui envoie ses

Angelin-Maurice Lovey (1911-2000) est né à Chez-les-Reuse, dans le val d'Entremont, en Valais. Il est élu prévôt en 1952, alors qu'il se trouve comme missionnaire à Taïwan. Son abbatiat est marqué par le renouvellement des constitutions, en chantier de 1959 à 1991, ainsi que par l'ouverture du procès pour la béatification du chanoine Maurice Tornay (1910-1949). Angelin Lovey résigne la prévôté en 1991.

À gauche
François-Nestor Adam (1903-1990), est né à Etroubles, en Val d'Aoste. Elu prévôt en 1939, il renforce les activités de la congrégation dans l'enseignement, notamment à Lausanne et à Aoste. Sa prélature prend fin lorsqu'il est nommé évêque de Sion par Pie XII en 1952.

Deux prévôts voient affluer les vocations, qui culminent au milieu des années 1960

félicitations et sa bénédiction, via son secrétaire d'Etat, le cardinal Pacelli, lui-même élu pape sept mois plus tard (Pie XII). Le prévôt Bourgeois meurt en mars 1939, après cinquante et un ans d'abbatiat, record absolu de longévité au gouvernement de la congrégation. Son successeur, Mgr Nestor Adam (1939-1952), voit affluer les vocations. Il ouvre une école d'agriculture à Aoste et reprend le collège de Champittet, à Lausanne. Nommé évêque de Sion, il doit quitter la prévôté en 1952. Sous son successeur, le prévôt Angelin Lovey (1952-1991), le nombre de chanoines atteint son apogée historique, nonante-trois en 1965. Il promulgue de nouvelles constitutions, dès 1959, remplaçant celles de 1438. Père conciliaire (qui a droit de vote au concile), il assiste à toutes les sessions de Vatican II, où il promeut la cause de béatification de son confrère Maurice Tornay (1910-1949), martyr au Tibet. Son successeur, le prévôt Benoît Vouilloz (de 1992 à 2009), accueille une religieuse dans la congrégation, ce qui n'était plus arrivé depuis deux siècles. En prenant acte de la baisse des vocations, il doit à la fois renforcer les communautés existantes et quitter successivement la paroisse de Vouvry, desservie depuis 1204, le collège de Champittet en 1998, et l'école d'agriculture d'Aoste, en 2004. Il aura la joie d'accueillir à l'hospice le pape Benoît XVI, qui y fera une brève visite, le 18 juillet 2006. L'assemblée plénière des chanoines, réunie le mercredi 4 février 2009, élit le 52e prévôt, Jean-Marie Lovey, qui depuis lors préside à la charité bernardine. En 2013, la congrégation compte 43 membres. *J.-P. V.*

Les armes du prévôt Adam allient celles de la congrégation, à gauche, à celles de sa région. Le chapeau ecclésiastique vert et trois rangées de glands indiquent son rang d'évêque ; l'étoffe blanche au sommet de sa crosse le désigne abbé régulier.

Les constitutions de 1438, rédigées par l'archevêque de Séville

«NOUS VOULONS en premier lieu et nous ordonnons que le prévôt de cet hospice y fasse une résidence personnelle…» Tel est le contenu du premier chapitre des constitutions du Grand-Saint-Bernard, promulguées en 1438, qui tentent de rétablir l'ordre interne. A cette époque, l'Eglise cède au chantage de la noblesse qui veut placer ses enfants à la tête des monastères, parasitant l'octroi des fonds destinés à la charité. Les chanoines craignent de perdre leur droit d'élection du prévôt et prient le pape Eugène IV de les aider. Ce dernier mandate le cardinal Jean Cervantès, archevêque de Séville, pour réformer la maison de Mont-Joux. Du monastère de Maris Stella, à Wettingen (Argovie), où il réside, le cardinal rédige, puis promulgue ces constitutions. Elles ont force de loi du 15 mai 1438 au 29 mai 1959.

L'ordonnance des cinquante-trois chapitres définit l'organisation de l'hospitalité bernardine. Le second chapitre, intitulé «Du statut du prévôt et des autres religieux», limite le nombre de serviteurs lors des voyages. Au septième chapitre, «De l'office de l'infirmier», il est précisé que l'hospice pourvoit aux frais des malades, même s'ils doivent être descendus en plaine. Il ordonne aussi que «rien ne soit négligé pour leur parfaite guérison». «De l'office du clavandier», chapitre dix, définit les égards que l'économe de l'hospice doit au passant: «distribuer avec libéralité et d'une manière gracieuse toutes les choses nécessaires à la vie […] à tous ceux qui peuvent en avoir besoin, de quelque dignité et condition que ce soit».

La nouveauté des constitutions de 1959 sera de ne plus considérer la congrégation comme un unique monastère, mais comme l'ensemble de quatre prieurés – du Valais, d'Aoste, de Champittet et de Hwa-lien (Taïwan) – aux activités diversifiées.

La table des matières enluminée présente les armes du cardinal et celles, plus sobres, du prévôt. Les armoiries du cardinal sont également présentes sur son sceau de cire rouge, à l'intérieur des deux couvertures du codex. La reliure, faite de peaux qui débordent de l'ouvrage, se termine par un nœud qui permettait au prévôt, en certaines occasions, de porter les constitutions à la ceinture, signifiant ainsi l'importance de vivre concrètement leur contenu. *J.-P. V.*

15 mai 1438, Wettingen (AG). Constitutions du Grand-Saint-Bernard promulguées par le cardinal Jean Cervantès.
Codex de parchemin, 17 x 26 cm, 93 folios, latin, 2 sceaux du cardinal dans les couvertures du livre (AGSB 694).

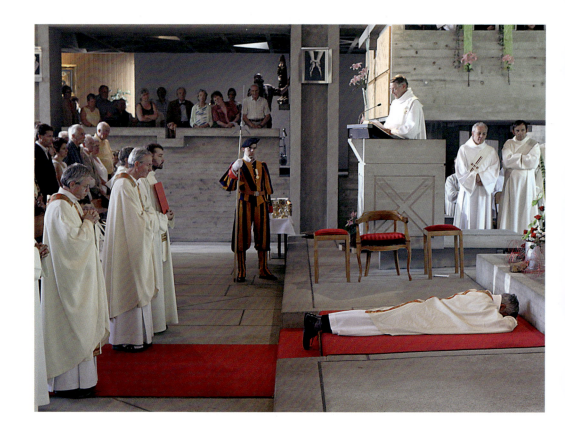

L'anneau et la crosse
Bénédiction et mission du prévôt

L'ACTUEL supérieur de la congrégation du Grand-Saint-Bernard, Jean-Marie Lovey, a été élu par l'assemblée plénière, c'est-à-dire l'ensemble des religieux, le 4 février 2009. Il succédait à Benoît Vouilloz, qui souhaitait se retirer après avoir assumé cette charge pendant dix-sept ans. Le premier geste de l'ancien prévôt envers le nouveau fut de lui remettre la croix pectorale en disant simplement: «Voilà, maintenant, c'est toi le prévôt.» Les gens du Grand-Saint-Bernard ne s'encombrent pas de formules inutiles. Dès lors que l'élu consentait à endosser cette responsabilité, sa nouvelle fonction débutait. Il lui restait cependant à recevoir la bénédiction abbatiale, pour que son mandat soit officialisé au sein de l'Eglise. Cette cérémonie s'est déroulée le 14 juin suivant, veille de la fête de saint Bernard de Mont-Joux, dans l'église Saint-Michel de Martigny. En présence de centaines de fidèles, l'évêque de Sion, Mgr Norbert Brunner, a commencé par rappeler les trois missions essentielles confiées au nouveau prévôt: instruire, conduire, veiller. «De ces trois missions, c'est la première qui me bouscule le plus, reconnaît le prévôt. Enseigner, qu'est ce que cela veut dire? Qui suis-je pour enseigner quoi?» L'expérience, la réflexion, la prière lui ont permis d'éclairer la voie: «Il ne s'agit pas de transmettre un savoir intellectuel. C'est un enseignement évangélique, pour permettre que la Parole de Dieu rejoigne le cœur de chaque confrère et se manifeste dans chacune de nos communautés.» La deuxième mission, conduire, était présentée ainsi par l'évêque: «Conduire tes frères jusqu'à Dieu ne veut pas dire les rassembler derrière toi

en rangs bien ordonnés. Cela ne signifie pas non plus laisser vivre et agir la communauté dans le désordre et la désorganisation. Conduire, c'est l'art de donner à chaque confrère la tâche qui correspond à ses aptitudes, qu'il est le mieux à même de remplir au service de la communauté.» Quant à veiller, qui est la troisième mission citée par le prélat, le sens en paraît évident au prévôt: «Veiller sur les frères, bien sûr, veiller à ce qu'ils sont, à ce que l'histoire les fait devenir. Mais aussi veiller de façon plus large sur l'ensemble des œuvres et de la pastorale qui est confiée, veiller sur les biens mis à disposition pour cette pastorale, faire en sorte que le charisme et l'œuvre continuent de passer de génération en génération.» Ces trois missions, selon lui, couvrent bien la réalité. Une réalité plus complexe encore que celle qu'il a connue en qualité de prieur de l'hospice du Grand-Saint-Bernard, «bien que l'hospice, dit-il, soit une maison très, très complexe». Après l'homélie s'est ensuivie la bénédiction.

L'évêque de Sion, Mgr Norbert Brunner, prononce la prière de bénédiction.

Page de gauche
14 juin 2009. Le prévôt se prosterne devant l'autel, tandis que son confrère Jean-Pascal Genoud entonne la litanie des saints.

Ci-dessous
Jean-Marie Lovey, 52e prévôt de la congrégation du Grand-Saint-Bernard.

Après la bénédiction, le nouveau prévôt échange le baiser de paix avec ses confrères, ici Benoît Vouilloz, son prédécesseur, puis Alphonse Berthouzoz, chanoine célèbre bien au-delà des Alpes.

Page de droite
A côté de son confrère Jean-Michel Girard, Jean-Marie Lovey intervient dans la prière eucharistique pour plusieurs centaines de fidèles. Le lendemain, 15 juin, il présidera la messe de la Saint-Bernard, dans l'église bondée de l'hospice.

Conformément au rituel, le responsable de cérémonie, le chanoine Jean-Pierre Voutaz, a invité le nouveau prévôt à se prosterner devant l'autel. Du haut de la chaire, le chanoine Jean-Pascal Genoud a alors entonné la litanie des saints. Au cours de cette prière en dialogue, l'assemblée répond: «Priez pour nous» après l'invocation de chaque saint. Sont invoqués les saint patrons de la congrégation, Bernard de Mont-Joux, saint Augustin, saint Nicolas, le bienheureux Maurice Tornay, ainsi que le patron du diocèse, saint Théodule, enfin les saints et saintes des paroisses locales.

COMMUNION DE LA TERRE ET DU CIEL
«La communauté croyante implore le secours de l'Eglise invisible, tous ceux qui sont nos devanciers, les saints et saintes de chez nous et d'ailleurs, explique le prévôt. L'idée est de mettre en communion la célébration humaine et terrestre avec celle qui, incessante, se déploie en louange divine dans le ciel. Au niveau sensible, c'est extrêmement impressionnant. J'étais prosterné de tout mon long et je sentais l'immense foule des saints passer au-dessus de moi.»

Une fois la litanie achevée, le prévôt s'est relevé et s'est avancé vers Mgr Brunner, devant lequel il s'est agenouillé afin que le prélat impose ses mains en silence avant de prononcer la prière de bénédiction. Il s'agit d'implorer la force et la grâce de Dieu pour permettre à la personne d'accomplir sa mission. A la fin de cette prière, l'évêque a remis au prévôt les deux insignes de sa charge, l'anneau et la crosse. Le premier scelle le lien entre le prévôt et sa communauté, l'autre désigne la vocation du prévôt à conduire la congrégation. Puis est venu le baiser de paix, que le prévôt a échangé avec chaque confrère. Au moment d'aller vers le chanoine Alphonse Berthouzoz, le prévôt se souvient avoir été très ému: «Un homme magnifique, très typé bernardin, qui s'est identifié à fond avec l'hospice et le charisme de l'accueil. Une figure extrêmement marquante de qui nous sommes. Avec le

Face à cette charge intense,
la qualité indispensable est l'amour du frère

chanoine Berthouzoz, j'étais comme reçu par le miroir de la congrégation!»
Les outils dont le prévôt dispose pour mener à bien sa mission émanent des constitutions de la congrégation. Il s'agit essentiellement de ces deux instances que sont le conseil et le chapitre. Le premier, composé de cinq religieux, du prévôt et de l'économe général, se réunit avec une fréquence assez soutenue pour gérer le quotidien. Le chapitre se réunit tous les trois ans, avec une force de décision plus grande que celle du conseil, puisqu'il implique tous les confrères. De manière informelle, il y a les liens que le prévôt entretient avec chaque communauté: «J'essaie de passer régulièrement dans nos différentes communautés. C'est indispensable pour maintenir la cohésion de la congrégation. L'hospice du Simplon, par exemple, est un peu éloigné géographiquement. Y aller de temps en temps permet de nourrir le lien avec la congrégation et de rapporter aux confrères d'ici un peu de ce qui se vit là-bas.»
Face à cette charge intense où prévalent la foi et le bien commun, le prévôt considère que la qualité indispensable, «c'est l'amour du frère, qui permet d'exercer une présence compréhensive, amicale, encourageante». Au cours des jours qui ont suivi sa bénédiction, le prévôt a rendu visite à chaque confrère: «Cela m'a bouleversé d'être reçu comme un père par les confrères âgés. J'ai compris que c'était cela la mission que les frères m'avaient confiée, une mission de père.» *P. R.*

Les territoires de la congrégation

LE PRÉVÔT n'est pas seulement le supérieur général de l'hospice du Grand-Saint-Bernard, mais également de différents lieux de vie et d'apostolat dépendant de la congrégation. Il s'agit actuellement de secteurs paroissiaux, de maisons d'accueil, d'une mission à Taïwan ainsi que d'un séminaire et d'une maison centrale.

La congrégation prend en charge aujourd'hui la pastorale dans sept paroisses du diocèse de Sion, en Valais. Le territoire dont il est question s'étend de l'hospice du Grand-Saint-Bernard au coude du Rhône, à Martigny. Une communauté de trois chanoines, habitant la cure d'Orsières, annonce l'évangile dans les paroisses de Bourg-Saint-Pierre, Liddes, Orsières et Sembrancher, dénombrant 4925 habitants. La communauté de six chanoines, dont un frère, qui habite le prieuré de Martigny, rayonne dans les trois paroisses de Bovernier (841 habitants), Trient (148 habitants) et Martigny (20108 habitants). La grande paroisse de Martigny recouvre les trois communes politiques de Charrat (1523 habitants), Martigny-Combe (2240 habitants) et Martigny (16345 habitants). En été 2009, en raison de la diminution de ses forces pastorales, la congrégation a remis au diocèse d'Aoste les paroisses de la haute vallée du Saint-Bernard, de Saint-Rhémy à Etroubles (1082 habitants). Pour la même raison, elle a remis en été 2012 au diocèse de Sion les paroisses du secteur des «noble et louable contrées» (13700 habitants), soit Lens, Montana-Village, Saint-Maurice-de-Laques et Chermignon, situées dans le Valais central, après plus de huit cent cinquante ans de présence ininterrompue. Le ministère en hospices est essentiel pour les chanoines, bien qu'il n'occupe pas la majorité de leurs effectifs. A l'hospice du Grand-Saint-Bernard, c'est une petite communauté de cinq personnes, et à l'hospice du Simplon, ce sont six chanoines qui assurent la vie de prière et d'accueil. Dans les deux cas, une maisonnée d'employés de maison dévoués à l'œuvre d'hospitalité partage la vie de la communauté et permet de recevoir les passants. Ces trente dernières années, l'hospice du Simplon, accessible aux voitures à l'année, s'est davantage orienté vers l'accueil de familles avec des enfants en bas âge, à Noël, à Pâques et durant

Page de gauche
L'hospice du Simplon a été fondé en 1801 par Bonaparte, qui en a confié la réalisation à la congrégation du Grand-Saint-Bernard. Achevé en 1831, c'est le plus grand hospice des Alpes. Son prieur est actuellement le chanoine Jean-Pascal Genoud, nommé en 2012.

Ci-dessous
Portail principal de l'église Notre-Dame-des-Champs, à Martigny, 1670. Cette église paroissiale est construite là où s'élevait, au IVe siècle, la première cathédrale du Valais. Elle est desservie par les chanoines du Grand-Saint-Bernard depuis 1150.

Possessions d'autrefois

Au XIIe siècle, après la fondation de l'hospice par saint Bernard et ses compagnons, la congrégation reçoit de nombreux biens : églises, prieurés, maisons d'accueil à l'image de l'hospice et grands ruraux. Vers 1150, l'évêque de Sion leur confie les paroisses d'Entremont jusqu'à Martigny. En 1177, le pape Alexandre III confirme leurs 78 bénéfices répartis entre Londres et le sud de l'Italie, qui montent à 86, lorsque Honorius IV les confirme en 1286. Pendant des siècles, les gains générés par ces possessions ont permis aux chanoines du Grand-Saint-Bernard d'accueillir gratuitement les voyageurs. Les révolutions successives, et récemment la baisse des vocations, ont fait perdre à la congrégation la majeure partie de ces biens.

Étendue des possessions de la congrégation en 1177.

l'été. Ces maisons, situées sur les routes de nos contemporains, sont à la frontière du monde et de l'Eglise. Elles permettent des contacts humains et spirituels remarquables qui ne peuvent avoir lieu nulle part ailleurs.

En été 2012, la congrégation a remis au diocèse d'Aoste Château-Verdun, un mini-hospice qu'elle tenait depuis 1137, situé à Saint-Oyen, à 1400 mètres d'altitude. Les chanoines du Grand-Saint-Bernard achevaient ainsi de quitter le diocèse d'Aoste, lieu éminemment significatif, puisque c'est d'Aoste que partit saint Bernard au milieu du XIe siècle pour fonder son hospice.

Trois chanoines, les Pères Délèze, Reichenbach et Fournier, sont missionnaires à Taïwan, auprès de la tribu des Tarocco, dans le diocèse de Hwalien, au nord-est de l'île. La première annonce de l'évangile dans cette contrée remonte à 1954. Depuis lors, les habitants se sont presque tous convertis au christianisme. Par ailleurs, après avoir été longtemps actifs dans l'enseignement, les chanoines ont progressivement remis à des repreneurs le pensionnat de Gervasone, à Châtillon (Vallée d'Aoste), en 1987, le collège de Champittet, à Lausanne, en 1998 et, en 2004, l'Ecole d'agriculture d'Aoste. La formation à la vie religieuse et sacerdotale se vit à la Maison des séminaires, près de l'Université de Fribourg, afin que les apprentis chanoines puissent connaître les futurs prêtres de Suisse romande avec lesquels ils seront invités à collaborer. Enfin, la Maison Saint-Bernard, à Martigny, également connue sous le nom de prévôté, car le prévôt y réside, accueille principalement les confrères les plus âgés et ceux qui exercent un ministère particulier dans la région. Elle sert également de maison centrale, où les chanoines vivent nombre de réunions et de fêtes de communauté. *J.-P.V.*

Sous le signe de saint Augustin

Reliquaire de saint Augustin en laiton doré, offert en 1868 par le prieur de Lens. Ce reliquaire est présenté sur l'autel de l'église lors de la messe de la Saint-Augustin, le 28 août.

Ci-dessous
Début de la règle de saint Augustin, dans un manuscrit du XIIIe siècle.
(AGSB 688)

Page de droite
Saint Augustin donnant sa règle, par le peintre fribourgeois Jean-Joseph Reichlen, 1877. Tableau de l'autel du saint, présenté dans la nef de l'église de l'hospice du Grand-Saint-Bernard.
167 x 119 cm.

SAINT AUGUSTIN fait partie des Pères de l'Eglise. Ces penseurs, ces théologiens, dans les premiers siècles après les apôtres, ont contribué par leur réflexion à faire comprendre dans les différentes cultures la signification de l'Evangile pour l'humanité et la société.

Saint Augustin est né dans la province romaine d'Afrique en 354, à Thagaste (nord-est de l'Algérie actuelle), au moment où le monde latin accueille la foi chrétienne. C'est un esprit brillant, à la fois génie de la langue latine et passionné de comprendre le pourquoi des choses. A 21 ans, Augustin enseigne la rhétorique à Carthage, puis il part à Milan, où il se lie avec Ambroise, évêque de la ville, qui le baptisera en 387.

Rentré en Afrique pour y mener une vie quasi monastique, il se voit contraint par les chrétiens

d'Hippone (actuelle Annaba, port algérien) à devenir prêtre dans leur ville. Puis il est choisi comme évêque auxiliaire par Valère, évêque du lieu, auquel il succédera en 396. La puissance de sa pensée et le génie de sa parole vont s'imposer dans tout l'Occident chrétien. Ecrivain engagé, Augustin cherche à répondre aux questions qu'il se pose ou que lui suggèrent ses correspondants et les controverses de son temps, dans tous les domaines de la vie, de la nature de l'Eglise et de l'être de Dieu. Il s'éclaire à la lumière de la Bible.

A Hippone, décidé à poursuivre la vie monastique, Augustin demande à ses prêtres de venir habiter avec lui dans la maison épiscopale. La règle qu'il a écrite pour un premier monastère, quelques-uns de ses sermons et les détails que nous a laissés son biographe, Possidius, nous permettent de bien connaître l'esprit

Tout se fonde sur la mise en commun des biens matériels comme support de la communion en Dieu

et le fonctionnement de cette communauté. Tout se fonde sur la mise en commun des biens matériels comme support de la communion des cœurs en Dieu. Quelques prescriptions, qui ressemblent plutôt à des usages, donnent le cadre pratique.
Plusieurs évêques de son entourage imiteront son exemple. Mais l'Afrique du Nord sera rapidement arrachée de l'Eglise et cet usage se perdra. Au XIe siècle, lorsque naît en Occident un nouvel élan pour que les clercs vivent en communauté, on se souviendra de l'exemple d'Hippone. Ainsi de Bernard lorsqu'il organise la communauté de l'hospice qu'il a fondé au Mont-Joux. Depuis bientôt mille ans, les religieux de la congrégation du Grand-Saint-Bernard s'inspirent dans leur vie commune de l'esprit de saint Augustin. Ils font partie de l'Ordre des chanoines réguliers de Saint-Augustin, qui regroupe neuf congrégations en Europe, dont les Chanoines de Saint-Maurice en Suisse. Le qualificatif «régulier» fait précisément référence à la règle.
Les Constitutions décrivent ainsi notre but: «Nous nous engageons à former une seule famille dont les membres partagent le même genre de vie, mettent en commun tout ce qu'ils ont et habitent ensemble.» Le sens de notre fraternité se lit dans l'évangile de Matthieu: «Tout ce que vous aurez fait au plus petit d'entre les miens, c'est à moi que vous l'aurez fait.» Cette parole est pour nous un appel communautaire aussi bien que personnel à l'hospitalité corporelle et spirituelle, sans aucune limitation. *Chanoine Jean-Michel Girard*

Venus de leurs communautés respectives pour fêter saint Augustin, les religieux du Grand-Saint-Bernard se retrouvent dans la crypte de la maison mère avant de monter ensemble à l'église et d'y célébrer la messe.

Page de droite
Un chant précède la consécration du pain et du vin. Réunie par et devant Dieu, la congrégation forme un seul corps, avec ses membres anciens et ses membres nouveaux.

Fêter la vie commune

CHAQUE ANNÉE, le 28 août, les chanoines du Grand-Saint-Bernard et leurs consœurs oblates se réunissent à la maison mère pour célébrer saint Augustin. Avec saint Bernard de Mont-Joux, saint Augustin est l'autre saint tutélaire de la congrégation. Le premier montre l'œuvre d'hospitalité à accomplir, le second donne les préceptes de la vie commune.

INTUITIONS MAJEURES
En introduction à l'eucharistie de cette fête, en 2012, le prévôt a rappelé la valeur de la présence augustinienne : « Fêter saint Augustin, c'est fêter celui qui donne une couleur spirituelle particulière à notre vie religieuse. Nous sommes chanoines réguliers vivant selon l'idéal communautaire expérimenté, voulu, codifié par Augustin. Réentendre en communauté sa parole, comme il nous est donné de le faire, notamment dans la liturgie des heures, nous replonger ensemble dans ses intuitions majeures n'a rien d'un repli identitaire stérile. Au contraire! Si nous le faisons, c'est parce que nous avons la conviction que la sagesse et l'intelligence dont cet homme a été gratifié par Dieu peuvent éclairer notre vie aujourd'hui encore. Et peut-être davantage! Augustin n'est pas seulement un homme, un grand homme du passé. Il n'est pas seulement un homme pour aujourd'hui. Il est bien plus! Face à l'avenir de nos communautés chrétiennes, de nos communautés paroissiales, face à l'avenir de notre congrégation, cet avenir qui nous pose beaucoup de questions, Augustin pourrait bien indiquer des chemins porteurs de vie, des chemins ouverts sur la vie. »

Dans l'œuvre prolifique d'Augustin, la règle de vie constitue une sorte d'aide-mémoire, où il n'est pas question de détails, mais de principes essentiels. En la rédigeant, l'évêque d'Hippone s'inspire de la Bible en même temps qu'il se fonde sur sa propre expérience. Il sait que

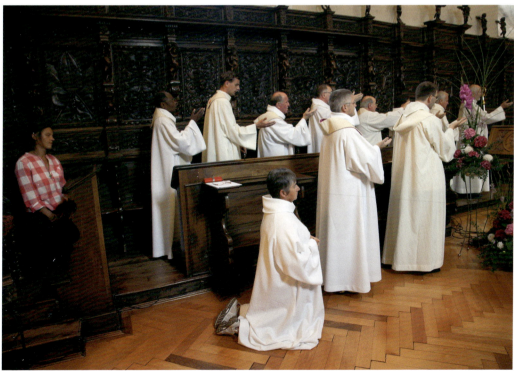

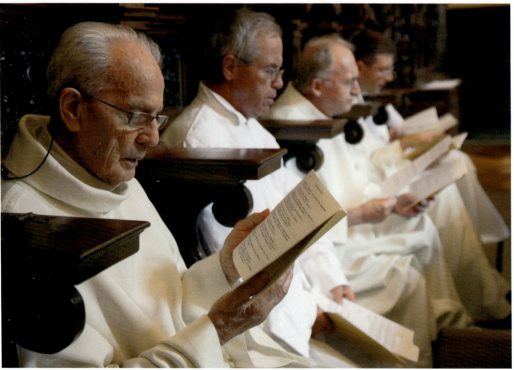

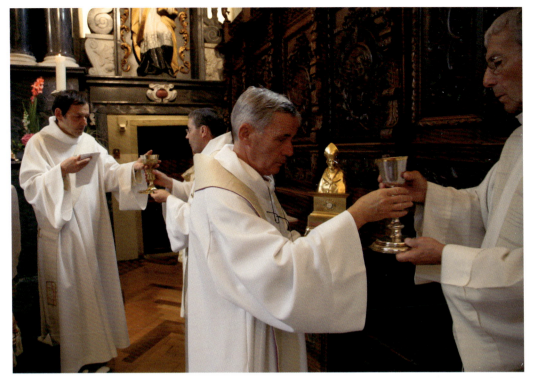

Le vin consacré, devenu le sang du Christ, est partagé lors de la communion. Des calices ont été sortis du trésor, de même que le buste reliquaire de saint Augustin, avec lequel le prévôt bénira l'assemblée.

Page de gauche
La fête de la Saint-Augustin, qui permet à la congrégation du Grand-Saint-Bernard de célébrer les liens qui l'unissent, commence et s'achève avec les vêpres.

l'individualisme est un obstacle au développement de la vie apostolique, comme il sait que l'équilibre et la dynamique de la vie commune dépendent de la juste reconnaissance accordée à chaque individu.

UN IDÉAL CONCRET
Au moment de définir la manière de répartir les biens – un des premiers principes de la règle – saint Augustin se réfère explicitement aux Actes des Apôtres (4, 32, 35): «Ils mettaient tout en commun, et chacun en recevait une part selon ses besoins.» Cet idéal demeure concret pour les religieux du Grand-Saint-Bernard qui, en rentrant dans la congrégation, remettent leurs possessions et reçoivent en retour le viatique nécessaire à leur existence ainsi qu'à l'exercice de leur vocation. Pour le chanoine Jean-Michel Girard, prieur de la communauté d'Orsières, le but de la vie commune est «la désappropriation de soi pour avoir Dieu en commun».

La désappropriation de soi, c'est-à-dire l'humilité, la discrétion, l'attention portée en premier à autrui, la sincérité de cœur et de parole, toutes qualités humaines que la règle rappelle aux religieux afin qu'ils demeurent unis dans la bonté et la prière. La conclusion apportée par Augustin fait comprendre que la règle n'est pas un dogme, mais un outil spirituel, afin qu'en chaque communauté les religieux vivent «non comme des esclaves sous le joug de la loi, mais comme des hommes libres sous l'influence de la grâce». *P. R.*

Les chanoines du Grand-Saint-Bernard au Yunnan et au Tibet

Les missionnaires à Weisi, dans le Yunnan, en 1938. Au premier rang, de gauche à droite : les Pères Paul Coquoz, Victor Bonnemain (MEP) et Pierre-Marie Melly. Deuxième rang : Frère Nestor Rouiller, PP. Cyrille Lattion et Maurice Tornay, Frère Louis Duc.

Page de droite
Chrétiens de Weisi, en 1934. Le sens premier de la mission n'est pas de convertir, mais de témoigner de l'Evangile au quotidien.

LA MISSION est inhérente au christianisme. Pour la congrégation du Grand-Saint-Bernard, il s'agit avant tout d'être présent dans les hospices afin d'y accueillir tous les passants, quels qu'ils soient, au nom du Christ, et cela depuis le geste fondateur de saint Bernard. Cependant, au XXe siècle, l'élan missionnaire suscité par Pie XI allait entraîner les chanoines du Grand-Saint-Bernard à témoigner de l'Evangile bien au-delà des Alpes.
L'engagement de la congrégation en Asie débute concrètement en 1930, lorsque les chanoines Pierre-Marie Melly et Paul Coquoz accomplissent, pendant huit mois, un voyage de reconnaissance au Yunnan, dans la région des marches tibétaines. La congrégation a été sollicitée par la Société des missions étrangères de Paris (MEP), qui tente depuis des décennies de s'implanter au Tibet, où plusieurs de ses missionnaires ont été tués.
Le rapport que font à leur retour les Pères Melly et Coquoz convainc le prévôt, Mgr Bourgeois. Le 22 juillet 1931, le chapitre de la congrégation approuve à l'unanimité l'envoi de missionnaires. Parmi les objectifs du travail apostolique – collaboration avec les populations, construction d'une école et d'un dispensaire, formation d'un clergé indigène – les chanoines auront à faire bâtir un hospice comparable à celui du Grand-Saint-Bernard, sur un col qui relie les hautes vallées des fleuves Salouen et Mékong, à près de 4000 mètres d'altitude

L'ATTRAIT ET L'HOSTILITÉ

Après de longs préparatifs et un apprentissage sommaire du chinois et du tibétain, une première équipe embarque à Marseille, le 13 janvier 1933, à destination de Saigon. Les chanoines Melly et Coquoz sont accompagnés de Frère Louis Duc et d'un laïc, Robert Chappelet. A cette époque, le voyage jusqu'au Yunnan dure deux mois et demi. Depuis Saigon, un autre bateau permet de rejoindre Haiphong. Le voyage se poursuit en train jusqu'à Hanoi, puis en camion jusqu'à Dali, et enfin par caravane jusqu'à Weisi, au bord d'un affluent du Mékong, où les chanoines

Dans les hameaux les plus reculés, les chanoines apportent soins et sacrements

établiront le centre de leur mission.

Ces premiers missionnaires du Grand-Saint-Bernard œuvrent loin des leurs, familles et congrégation, dans un monde dont ils découvrent à la fois l'attrait et l'hostilité. L'attrait, car tout y est nouveau, et le défi propre à inspirer la ferveur d'hommes jeunes. L'hostilité, car les autorités locales, en l'occurrence les lamas, s'opposent à l'influence des Européens. Les chanoines bénéficient heureusement de l'expérience des pères des MEP, avec qui ils explorent la région jusqu'aux hameaux les plus reculés, où ils apportent soins et sacrements, et célèbrent l'Eucharistie. Au col de Latsa, le chantier du futur hospice est entrepris. Trente tailleurs de pierre engagés dans les environs s'affairent, de telle sorte que les murs de l'énorme bâtisse sortent de terre. L'activité de la mission s'intensifie avec la construction, en 1936, d'une école et d'une ferme à Houa-lo-pa, près de Weisi. Cette même année, le Père Melly, supérieur de la mission du Grand-Saint-Bernard, insiste auprès de sa congrégation pour recevoir du renfort. Une deuxième équipe de missionnaires est alors dépêchée, composée des chanoines Cyrille Lattion, Maurice Tornay et du Frère Nestor Rouiller. Le pays qu'ils découvrent est miné par la guerre civile entre nationalistes et communistes. Maurice Tornay passe les premiers temps sur le chantier de Latsa. Tout en apprenant le chinois, il poursuit ses études de théologie, qui lui valent d'être ordonné prêtre, à Hanoi, en avril 1938.

En 1936, les missionnaires du Grand-Saint-Bernard font construire une école à Hoa-Lo-Pa, afin de préparer les enfants à l'entrée au petit séminaire.

Page de droite
Le Père Paul Coquoz célèbre la cérémonie des prémices, sous le regard des villageois et de son confrère Angelin Lovey.

En bas
Calice tibétain offert par les missionnaires au nouveau prévôt Nestor Adam, à l'occasion de son élection en 1939. Envoyée depuis la Chine, l'offrande n'est parvenue à Martigny qu'un an plus tard.

En 1939 arrivent à Weisi deux nouveaux missionnaires, les chanoines Angelin Lovey et Henri Nanchen. Le Père Melly et Frère Nestor Rouiller, tous deux malades, en profitent pour rentrer en Suisse. Maurice Tornay, qui a commencé à apprendre le tibétain, est alors responsable de l'école, plus exactement un probatoire destiné à préparer les enfants à l'entrée au petit séminaire. La correspondance qu'il adresse à sa famille, ainsi qu'à ses confrères restés à l'hospice du Grand-Saint-Bernard éclaire avec une force singulière l'exigence de la mission. La famine sévit dans la région, et Maurice Tornay ne sait comment nourrir les enfants dont il a la charge, lorsqu'il écrit à sa sœur Anna, le 24 septembre 1939: «Porter la croix, cela signifie ne plus savoir où donner de la tête, espérer contre l'espérance, croire contre toutes les apparences, aimer quand rien n'est aimable.»

La Seconde Guerre mondiale entrave les communications entre la Suisse et la Chine. La mission ne peut plus recevoir d'argent. Après le départ du Père Melly, la construction de l'hospice au col de Latsa est abandonnée. En même temps, l'hostilité des lamas envers les chrétiens s'accentue. En septembre 1940, le curé de Yerkalo, Victor Nussbaum, des MEP, est assassiné. Son successeur, le Père Emile Burdin, également des MEP, meurt du typhus en février 1945. Maurice Tornay est désigné pour reprendre cette paroisse isolée en territoire tibétain. Renoncer à son travail avec les élèves du probatoire lui brise le cœur, mais la perspective de porter l'Evangile au Tibet le réjouit. Maurice Tornay, ainsi qu'il le dira plus tard, veut «répandre la charité». Les paroissiens de Yerkalo l'accueillent, chaleureusement, le 5 juin 1945.

RÉSIDENCE SACCAGÉE
Près de Yerkalo se trouve la lamaserie de Karmda, dont le supérieur entend garder le pouvoir – quasi féodal – qu'il exerce sur la population. Les chrétiens sont mis à l'amende, menacés d'expulsion. A plusieurs reprises, Maurice Tornay sera sommé de partir. Le 21 janvier 1946, la résidence est saccagée par des hommes en armes. Face à la violence,

le curé de Yerkalo doit céder. Après avoir confié les biens de la mission à ses paroissiens, il est expulsé du Tibet. Le Père Tornay ne se décourage pas. Depuis les bourgs frontaliers de Pamé puis d'Atuntze, où il s'établit, il entreprend des démarches auprès des autorités consulaires afin de faire valoir les droits de la mission de Yerkalo. Sa patience et sa détermination sont renforcées par le contact qu'il continue d'entretenir avec ses paroissiens, grâce aux caravanes qui transitent entre Tibet et Yunnan.

A Atuntze, Maurice Tornay est rejoint par le Père Alphonse Savioz. Ce dernier fait partie de la quatrième équipe de chanoines arrivée en renfort à Weisi, en février 1947, avec les Pères François Fournier, Louis Emery et Jules Detry. Le Père Savioz est informé du plan de son confrère Tornay, qui est de se rendre à Lhassa afin de plaider auprès du dalaï-lama – l'actuel Tenzin Gyatso, qui n'est alors qu'un enfant – la cause des chrétiens de Yerkalo. Le voyage est long, trente-quatre étapes. Le jour précédant son départ, il écrit au père Lovey qu'il emporte avec lui «ce qu'il faut pour dire la messe au pays interdit». Ce sera sa dernière lettre. Le 10 juillet 1949, déguisé en marchand, Maurice Tornay se mêle à une caravane. Il est accompagné de trois amis chrétiens, dont Doci, son serviteur. Avant de partir, il a chanté un au revoir avec le Père Savioz, qui n'oubliera pas ce «pressentiment inconscient qui leur serait le cœur et la gorge». Dix-sept jours plus tard, à la lamaserie de Tunto, Maurice Tornay est reconnu. Il est reconduit avec Doci à la frontière. Ceux qui l'ont fait arrêter et l'ont obligé à rebrousser chemin veulent sa mort. Le 11 août 1949, après avoir franchi le col de Choula et entamé la descente vers le Yunnan, la petite troupe est prise dans une embuscade. Doci est tué, puis c'est le Père

Au premier plan, le Père Maurice Tornay, après avoir été chassé de la mission de Yerkalo, au Tibet. Déterminé à retrouver ses paroissiens, le chanoine du Grand-Saint-Bernard tentera de plaider sa cause auprès du dalaï-lama. C'est ainsi qu'il sera assassiné, en 1949, sur la route de Lhassa.

Page de gauche
L'un des objectifs de la mission des chanoines était la construction d'un hospice sur le modèle de celui du Grand-Saint-Bernard. Commencés en 1935, les travaux furent définitivement interrompus en 1939.

En bas
Béatification de Maurice Tornay par le pape Jean Paul II, à Rome, le 16 mai 1993.

Tornay assassiné, puis les communistes au pouvoir, les chanoines quittent la Chine

Tornay qui s'effondre, atteint de deux balles alors qu'il s'est agenouillé pour donner l'absolution à son compagnon. Le lendemain, à Atuntze, le Père Savioz apprend la nouvelle du massacre. Il ensevelit son confrère à côté de Doci, dans le jardin de la résidence.

En 1951, les communistes ont pris le contrôle de la Chine et du Tibet; les missionnaires sont tous expulsés. Forcés d'abandonner leurs paroissiens et de fermer la mission dans les marches tibétaines, les chanoines du Grand-Saint-Bernard ont alors l'occasion, l'année suivante, de s'établir à Formose, qui deviendra Taïwan, où ils fondent une mission aujourd'hui florissante. En cette même année 1952, le prévôt Nestor Adam introduit la cause de Maurice Tornay auprès du Saint-Siège, en vue de sa canonisation. A l'issue d'une très longue enquête, impliquant quarante témoins et plus de deux mille pages de documents, il est établi que le père a été assassiné «en haine de la foi chrétienne» et qu'il est en conséquence martyr. Le 16 mai 1993, place Saint-Pierre, à Rome, le pape Jean Paul II proclame bienheureux le chanoine Maurice Tornay. Son sacrifice n'a pas été vain. Les efforts, la générosité, la foi du père et de ses confrères ont porté leurs fruits. A Yerkalo et dans le Yunnan, il reste bien plus que les vestiges de l'hospice inachevé. L'un des enfants auxquels Maurice Tornay a montré l'exemple est lui-même devenu prêtre, et les communautés chrétiennes dans ces régions se sont développées. Il y a enfin ce que le père nous lègue, écrit à sa famille sept mois avant de mourir et qui découle directement de son engagement: «Convertir, je ne le savais pas, maintenant je le sais, convertir est l'œuvre de Dieu seul.» *P. R.*

Vivre à l'hospice.
Etre, donner, recevoir, chaque jour de l'année.

Le prieur José Mittaz, sur le seuil de l'hospice, où la porte reste toujours ouverte. La tradition dit que la clé a été perdue en 1050.

Le col du Grand-Saint-Bernard à la fin d'une journée d'hiver. Cela fait près d'un millénaire, sans jamais d'interruption, que les religieux perpétuent dans leur maison mère la tradition de l'hospitalité bernardine.

La communauté religieuse

Raphaël Duchoud, prêtre et chanoine du Grand-Saint-Bernard. Tous les membres de la communauté religieuse sont nommés par le prévôt. Mais la communauté est autonome dans l'organisation de ses différents ministères.

L'HOSPICE du Grand-Saint-Bernard ne serait pas ce lieu de vie unique sans la présence permanente de sa communauté religieuse. A l'image de la congrégation, cette communauté est petite, qui compte actuellement cinq personnes consacrées. Vivre toute l'année à 2500 m d'altitude requiert un tempérament que n'ont pas tous les chanoines. Aux rigueurs du climat s'ajoutent les réalités de la vie commune. Celle-ci n'est pas spécifique à l'hospice, puisque en chaque lieu tenu par la congrégation du Grand-Saint-Bernard ses membres vivent ensemble, mais c'est entre les hauts murs de la maison mère que la vie commune est le plus exigeante. Une tempête de neige qui restreint les sorties pendant des jours ou l'afflux soudain de visiteurs à accueillir créent des conditions de vie particulières, auxquelles ne peuvent s'adapter que des êtres dont la vocation à vivre là-haut est entière.

VENT DE FACE
Raphaël Duchoud se souvient très bien de l'une de ses premières montées hivernales à l'hospice, lorsqu'il était encore séminariste, dans les années huitante: «C'était le brouillard, la neige, tant et si bien que le chanoine Bernard Gabioud, qui est guide de montagne, hésitait à nous laisser monter, car il y avait danger d'avalanche. Le vent soufflait de face. J'ai cru mourir quand j'étais dans la combe, mais ça ne m'a pas fait renoncer. Je me suis dit que si le Seigneur ne voulait pas de moi, il me le fe-

Anne-Marie Maillard, oblate du Grand-Saint-Bernard, lors d'un office dans la crypte de l'hospice. Littéralement, le terme « oblat » signifie offrande. Il désigne une personne laïque consacrée, qui s'offre au service de Dieu.

rait savoir.» Depuis, sa vocation de prêtre s'est confirmée et déployée en plusieurs ministères, comme vicaire à Vouvry, assistant éducateur à Aoste, puis curé à Martigny, jusqu'à ce que le prévôt, en 2011, lui demande de se joindre à la communauté de la maison mère. La venue de ce confrère enjoué allait immanquablement apporter quelque chose de neuf à la vie de l'hospice. Sa connaissance de plusieurs langues européennes lui permet d'accueillir la plupart des visiteurs étrangers, qui viennent nombreux au col, en particulier depuis l'Italie voisine et la Suisse alémanique, ou encore ces voyageurs de tous pays qui ont l'anglais pour langue commune. A l'hospice, Raphaël a ainsi découvert une facette de la vie pastorale qu'il connaissait peu: «Dans toutes les paroisses où j'ai servi, je me déplaçais pour aller à la rencontre des gens. Ici, ce sont les gens qui viennent à nous.»

La communauté religieuse évolue au gré des affectations, à un rythme qui permet à chaque membre de manifester pleinement ses capacités au service de l'accueil et de la vie commune. Anne-Marie Maillard, oblate, a intégré la communauté religieuse de l'hospice du Grand-Saint-Bernard en août 2010, après six années vécues à l'hospice du Simplon. La montagne est pour elle une école de vie: «Plus je vais fréquenter cette école de vie, plus je vais être humaine. Ce n'est pas pour rien que le Christ s'est fait pleinement homme. La spiritualité de la montagne est ce lieu d'apprentissage où tu peux être pleinement toi,

Vivre à l'hospice | 53

Frédéric Gaillard, diacre et chanoine du Grand-Saint-Bernard, en compagnie d'hôtes de l'hospice. Accueillir le Christ en accueillant le prochain constitue le fondement de l'expérience bernardine.

pleinement en vie.» Comme chaque membre de la communauté, Anne-Marie exerce des responsabilités multiples. L'accompagnement des jeunes est l'un de ses domaines de prédilection, de même qu'en été elle anime les pèlerinages alpins et coordonne les équipes de bénévoles. Son expérience de la montagne est par ailleurs précieuse. Formée à la prévention des avalanches, Anne-Marie sort chaque matin d'hiver pour évaluer la qualité de la neige. Etre ici, c'est être au service du prochain, mû en permanence par la dynamique de l'accueil. Frédéric Gaillard, diacre, vit à l'hospice depuis 1998. Ce confrère à l'accent chantant œuvre souvent au Poêle, vaste salle destinée à recevoir les passants, pèlerins et autres visiteurs. Inviter les gens à s'asseoir, offrir un thé, demander des nouvelles, renseigner sur un chemin à prendre, être réceptif à ceux et celles qui le sollicitent, tout cela constitue son apostolat de chaque jour: «L'accueil, ce n'est pas faire, mais être. Pour aider, il faut d'abord écouter.» Toute l'humanité passe dans son regard, des couples en difficulté, des familles heureuses, des personnes qui se reconstruisent. Frédéric est là pour les entendre: «C'est souvent très terre à terre. Mais même dans le terre à terre, il y a quelqu'un avec des entrailles, quelqu'un qui vit, donc qui aime ou qui hait. Même dans le terre à terre on peut sentir que la personne a cette volonté d'être en paix au-dedans d'elle-même.» La devise léguée par saint Bernard, inscrite en divers endroits de l'hospice, donne le fondement de l'accueil: «Ici le Christ est adoré et

Anne-Laure Gausseron reçoit sa croix de candidate à l'oblature, dans l'église de l'hospice, le 14 juin 2012. Face au prévôt, elle confirme son engagement dans la congrégation du Grand-Saint-Bernard.

nourri.» Au contact des passants, le diacre a eu le temps de mesurer l'exigence biblique de cette parole, qui donne à voir le Christ en chacun et chacune: «Quand il est dit que le Christ est adoré et nourri, ce n'est pas à sens unique. L'accueil est mutuel, dans le Christ accueilli et dans le Christ qui accueille. Nous-mêmes, religieux, sommes accueillis avec nos richesses et nos faiblesses par ceux qui viennent nous trouver.»

QUÊTE D'ABSOLU
Vivre au Grand-Saint-Bernard correspond à un cheminement, un questionnement. Anne-Laure Gausseron reconnaît avoir «longtemps bataillé» avant de répondre, enfin, à l'appel de sa vocation: «J'ai vérifié mon incapacité à faire sans Dieu, j'ai essayé de m'en débarrasser, j'ai essayé de négocier avec lui. Ça ne marche pas. Je sais que je ne peux pas faire sans lui.» Anne-Laure a quitté une vie professionnelle prometteuse pour rejoindre l'hospice et sa congrégation. En septembre 2011, elle est reçue comme candidate à l'oblature; quelques mois plus tard, la veille de la fête de la Saint-Bernard, le prévôt lui remet sa croix: «Cette croix est le symbole de ma force, mais une force qui ne vient pas de moi. Je suis apprentie au service de l'hospitalité, au service de Dieu.» Contribuer aux tâches quotidiennes, faire le ménage de la clôture, disposer les tables pour les hôtes, encourager, réconforter, tout cela requiert de trouver l'équilibre entre faire et être: «J'apprends à me placer autrement par rapport à

Vivre à l'hospice

« En tant que prieur, je suis au service de l'unité et du bien-être de notre petite communauté religieuse »

ce que je fais. Je ne le fais pas comme avant pour gagner de l'argent. Je le fais en suivant le Christ. » Sa quête d'absolu, Anne-Laure aurait pu la poursuivre parmi les cisterciens, qu'elle connaît, mais c'est dans la tradition bernardine de l'accueil que son chemin de foi se manifeste: «C'est la simplicité même: j'accueille. Et cette grande simplicité m'amène à Dieu, c'est pour ça que j'aime Bernard.» A l'issue du dernier chapitre de la congrégation, le prévôt a demandé à Anne-Laure de se préparer à poursuivre, dès l'automne 2013, sa formation à l'hospice du Simplon. «La demande est présentée de telle manière que je reste libre. C'est exigeant, mais comment pourrais-je refuser alors que je dis vouloir suivre le Christ Je ne peux pas dire que je peux prier dans un lieu et pas dans l'autre.» Anne-Laure fera à pied, tel un pèlerinage, le voyage depuis l'hospice du Grand-Saint-Bernard jusqu'au Simplon, à travers les montagnes: «La marche me permet d'apaiser les peurs et les questions. J'arriverai là-bas en étant guidée par ce que je suis pleinement.»

NOUVELLE PRÉSENCE
Le prévôt a également appelé le chanoine Jean-Michel Lonfat à rejoindre la communauté religieuse de l'hospice du Grand-Saint-Bernard, à la même période où Anne-Laure Gausseron s'en ira pour le Simplon, avant l'hiver. Une personne ne remplace pas l'autre. Nouvelle présence, nouveau regard dans la communauté, nouveaux gestes aussi. Ce confrère est actuellement le seul prêtre de Suisse romande à pouvoir communiquer dans le langage des signes. En plus d'avoir travaillé en paroisse à Martigny, Orsières, Lens, il a été pendant dix-huit ans aumônier auprès de personnes

Jean-Michel Lonfat, prêtre et chanoine du Grand-Saint-Bernard, intègre la communauté de l'hospice au cours de l'automne 2013. Les membres de la communauté sont unis par la force de leur vocation religieuse et apostolique.
Page de gauche
José Mittaz, prêtre et prieur de l'hospice du Grand-Saint-Bernard. Le prieur est responsable de la vie matérielle et spirituelle de la maison mère de la congrégation.

polyhandicapées, au centre médical La Castalie, à Monthey. Il faut l'avoir vu célébrer l'eucharistie face à une assemblée de personnes sourdes ou malentendantes pour ressentir la grâce de son engagement. De ses mains mouvantes, de sa bouche silencieuse Jean-Michel fait surgir la parole de Dieu. Même s'il connaît intimement la vocation de la maison mère, c'est peu à peu qu'il découvrira le sens de sa propre présence à l'hospice, dans le regard et la parole des autres.

La vie à l'hospice nécessite la présence d'un prieur, responsable des aspects matériels aussi bien que religieux. Une conduite d'eau qui gèle, la ligne téléphonique bloquée, une porte à repeindre, c'est le prieur qui décide des travaux à entreprendre, deux cents personnes qui viennent célébrer la fête de la Saint-Bernard, c'est encore et toujours le prieur qui doit garantir que la maison soit accueillante. Le prieur est nécessairement prêtre, capable d'éclairer les cheminements des personnes qui l'entourent, religieuses ou laïques, et des personnes qui le sollicitent. Pour assumer cette charge, le prévôt a nommé en septembre 2010 le chanoine José Mittaz. José faisait déjà partie de la communauté religieuse de l'hospice depuis plus de trois ans. Cette nouvelle responsabilité lui permet de découvrir plus loin la réalité de la vie commune dans le charisme de l'hospitalité : « En tant que prieur, je suis d'abord au service de l'unité et du bien-être de notre petite communauté religieuse, pour que celle-ci soit au service de tous ceux qui passent. Dans un langage qui intègre la foi chrétienne, je dirais que ce que chacun donne de lui-même et ce que chacun est capable de recevoir de l'autre est comme le sacrement d'une présence qui nous dépasse. » *P. R.*

Vivre à l'hospice

En plus d'exercer ses talents de chef, le cuisinier Stéphane Aulotte gère les réserves pour l'hiver. Ainsi, durant l'année, des dizaines de milliers de repas peuvent être servis à l'hospice.

Page de droite
Dans ce grand lieu d'accueil, employés et bénévoles se partagent les tâches quotidiennes. Les nécessités sont multiples, et les rythmes de travail différents selon la saison.

Employés et bénévoles au service de l'accueil

A L'HOSPICE, la communauté religieuse est le cœur autour duquel vivent plusieurs personnes laïques, employées ou bénévoles, qui constituent la maisonnée. Deux employés le sont à plein temps, qui passent toute l'année ou presque au col. Il s'agit du cuisinier, sans lequel l'hospitalité n'aurait pas si bon goût, et de l'intendant, dont la tâche principale est de coordonner l'équipe de travail pour maintenir la qualité de l'accueil à table, dans les chambres et les parties communes. D'autres employés le sont temporairement. Ils viennent pour quelques semaines ou quelques mois. Parmi ses bénévoles, la maisonnée inclut les personnes qui peuvent monter sur demande, afin d'apporter leur aide. Très attachés à l'hospice, ils en connaissent parfaitement les rouages et les nécessités. Si la demande tarde à venir, ils montent d'eux-mêmes, certains d'être utiles à une chose ou l'autre. Il y a également les civilistes, qui viennent accomplir une partie de leur service civil en contribuant aux travaux quotidiens. La maisonnée partage le plus souvent ses repas avec la communauté religieuse, cette tradition étant spécifique à l'hospice du Grand-Saint-Bernard. D'autres bénévoles ne viennent que pendant l'été. Ils forment une communauté en soi, qui vit sur place, mais prend ses repas à part de la maisonnée. Leur responsabilité est essentiellement d'accueillir les passants de juin à septembre. On les retrouve qui s'exercent à toutes les langues à la croisée des couloirs, lieu névralgique de la maison, ainsi qu'au trésor et au musée, où ils profitent de s'initier à l'histoire bernardine. Toutes ces personnes, bénévoles de l'été ou membres de la maisonnée viennent d'horizons divers. En même temps que se côtoient les générations, les personnalités se mêlent. La vie commune les voue à une attention mutuelle. Les habitués, qui reviennent année après année, ont connu plusieurs prieurs successifs. A eux seuls, ils représentent une mémoire vivante de la vie à l'hospice au cours des dernières décennies. Quant aux personnes qui viennent pour la première fois donner d'elles-mêmes, elles découvrent peu à peu l'immensité physique et spirituelle de ce lieu millénaire. *P. R.*

Vivre à l'hospice | 59

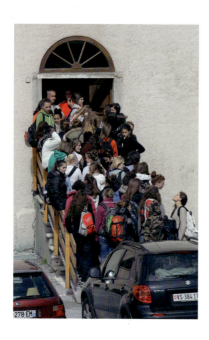

«On ne sort pas indemne d'un lieu pareil»

TÉMOIGNAGE DE CLOTILDE PERRAUDIN, EMPLOYÉE SAISONNIÈRE À L'HOSPICE DU GRAND-SAINT-BERNARD

BONJOUR, bienvenue à l'hospice! Vous venez y passer quelques jours? Ou mieux, vous venez y travailler? Très bien, sachez cependant que ce ne sera pas sans effets secondaires. On ne sort pas indemne de l'hospice. On en sort différent. Aussi, je pense qu'il est bien de vous informer de ce qui se peut se passer si vous y restez quelque temps, et si vous vous ouvrez à l'esprit du Saint-Bernard. L'air du Saint-Bernard s'attaque tout d'abord au corps. L'hospice se trouve à 2500 m d'altitude. Il peut arriver que l'on voie tout tourner, que l'on ait mal à la tête, que l'on se sente très fatigué. Puis profitant de notre faiblesse physique, l'air du Saint-Bernard s'empare de l'esprit. A l'intérieur de l'hospice, nous vivons les uns avec les autres, parfois les uns sur les autres. Nous mangeons en grands groupes dans une petite salle. Nous partageons les toilettes, les douches et parfois les chambres. Nous avons peu de moments à nous, et malgré l'immensité de la maison nous sommes le plus souvent en présence les uns des autres. Ajoutez à cela un peu de fatigue, des touristes parfois peu indulgents, et tous les ingrédients sont réunis pour faire perdre patience. Mais il n'en est rien. Ce qui m'énerve d'habitude ne me touche plus, je me suis adoucie. Ce changement se remarque également dans d'autres domaines. Je n'ai jamais pensé que le ménage était ma vocation, ce n'est pas ma vocation. Pourtant, je n'ai jamais été aussi heureuse qu'ici à nettoyer des toilettes, à passer la serpillière ou à dresser des tables. Et tous ces gens que je croise, pourquoi nos rencontres sont-elles à chaque fois si belles et intenses? A priori, nous n'avions rien en commun. Et voilà que je me découvre une nouvelle famille, la communauté et mes collègues. Je ne pensais pas que je m'attacherais si vite. Alors je me dis: «Oups! il y a quelque chose qui m'échappe.»

DES MOTS SUR MES FAIBLESSES

Je me rends compte que j'ai été changée par la vie au Saint-Bernard. Je me suis adoucie et ouverte. Est-ce que cela résulte seulement du travail que j'ai fourni pour accueillir le mieux possible mon prochain? Je ne pense pas. Toute seule, je n'aurais jamais autant changé. A ce moment, on peut se dire: «Voilà, c'est bon, j'ai déjà bien progressé intérieurement!» Mais non, si on reste à l'hos-

Clotilde Perraudin a travaillé six mois à l'hospice, comme employée à la maisonnée. Une manière de faire l'expérience de l'hospitalité bernardine.

Page de gauche
Été comme hiver, la maison est prête pour accueillir des groupes de plusieurs dizaines d'hôtes, adultes ou adolescents, qui viennent pour un ou plusieurs jours.

pice, le travail continue. Le cœur aussi se fait chahuter par l'air ambiant. Des questions auxquelles je ne m'attendais pas sont survenues. J'ai trouvé difficile d'oser les écouter, de regarder au fond de moi, de creuser dans mes failles. J'étais fatiguée, bouleversée, mais j'ai trouvé cette expérience libératrice. J'ai pu mettre des mots sur mes faiblesses, et trouver les moyens d'y faire face. Pour tout dire, en arrivant à l'hospice, je n'imaginais pas que je travaillerais autant sur moi-même. Je ne pensais pas en avoir besoin. Cependant, la vie en communauté, les apports spirituels proposés, la prière quotidienne ont mis en lumière des blessures qui me faisaient souffrir, mais dont j'ignorais l'existence. Ce qui m'a permis d'oser approfondir cela fut tout l'amour que j'ai reçu. Il m'a laissée exister dans tout ce que j'étais, dans mes défauts, dans mes richesses. Et puis, je n'ai jamais été seule face à mes démons. La communauté ou bien des collègues m'ont offert leur soutien à tous moments. J'ai toujours eu droit à des gestes encourageants, à une oreille attentive, à des paroles bienveillantes, rassurantes et de bon conseil. Quand je suis arrivée à l'hospice, j'étais une jeune fille fatiguée en quête de liberté. Mais je n'en avais pas conscience. Durant mon séjour, qui a duré six mois, je me suis laissé nourrir et vivifier par l'air du Saint-Bernard. Il m'a transformée. Quand je suis descendue des montagnes, avec un pincement au cœur, j'étais devenue une jeune femme pleine d'énergie qui a pris en partie conscience de ce qu'elle peut donner, et qui continue sa quête vers la liberté.

Bref, vous voulez que je vous dise ? On ne sort pas indemne d'un lieu pareil. On se fait attaquer de toutes parts et ça nous transforme. Je pense savoir qui est à l'origine de ces attaques. Et vous ?

Clotilde Perraudin

« Vivre l'instant présent »

TÉMOIGNAGE DE CRISTEL GAY, BÉNÉVOLE À L'HOSPICE DU GRAND-SAINT-BERNARD

Les bénévoles et les employés sont invités à participer à la vie religieuse. Cristel Gay, à gauche, assiste à un office, à côté d'Oana, elle aussi bénévole.

JE M'APPELLE CRISTEL, je suis une Valaisanne de 26 ans et j'ai suivi une formation d'assistante médicale. Je me rends régulièrement au Grand-Saint-Bernard depuis une dizaine d'années, en été comme en hiver. J'y travaille en tant que bénévole. Fille unique, j'ai grandi dans une famille catholique.

En été 2003, à l'âge de 17 ans, j'ai découvert le col lors d'une sortie familiale. L'endroit ne m'impressionnait pas vraiment, car il y avait trop de touristes ! Je me suis contentée d'admirer le paysage. Après avoir exploré les alentours, je me suis décidée à entrer dans l'hospice. Un chanoine m'y a chaleureusement accueillie, et j'ai discuté longuement avec lui. A la suite de cette rencontre, j'ai compris que ma vie était habitée par une présence aimante, celle du Christ. Ayant un peu abandonné la pratique religieuse à mon adolescence, j'avais redécouvert un trésor, celui de la foi.

L'audace et la charité du saint fondateur de l'hospice, Bernard de Montjoux, qui l'ont poussé à construire ce refuge, m'ont invitée à me faire pèlerine à sa suite, en me plongeant au cœur de la vocation bernardine de l'accueil. Deux ans après cette première rencontre, j'ai demandé au prieur de pouvoir rejoindre l'équipe des bénévoles, car il m'était important de pouvoir partager avec d'autres ce que j'avais personnellement vécu, et leur transmettre cet amour du Christ.

Mon travail se déroule essentiellement à l'intérieur. Dans un premier temps, j'effectue quelques tâches ménagères, afin de rendre accueillants les lieux fréquentés par les passants. Puis je me rends soit dans la salle du trésor, où je m'occupe d'un petit magasin de livres et d'articles religieux, soit à la croisée des couloirs pour accueillir et renseigner les passants. Ce travail est à la fois simple, car il suffit d'un regard ou d'un sourire pour entrer en relation avec quelqu'un, et exigeant, car cela demande parfois que je sorte de mes préjugés pour faire le premier pas vers l'autre.

LA CONNAISSANCE DE SOI

L'accueil m'apprend aussi à vivre l'instant présent, évitant ainsi le piège de la monotonie. Le sourire d'un enfant ou l'émerveillement d'une personne sont autant d'événements extraordinaires qui viennent fleurir l'ordinaire de ma journée. J'ai choisi d'être bénévole plutôt qu'employée, car il m'était important de pouvoir of-

Je confie au Seigneur les visages des personnes rencontrées durant ma journée

frir gratuitement ma disponibilité au service des autres. J'ai souhaité aussi jouir d'une plus grande proximité avec les touristes et les pèlerins. Je suis impressionnée par la diversité des visiteurs qui franchissent ce passage entre la Suisse et l'Italie. Ces personnes proviennent de différentes régions du monde et montent à l'hospice pour divers motifs, certaines pour prier, d'autres par curiosité. Puis l'environnement de la montagne me permet de retrouver un certain équilibre. Le silence et l'aridité du dehors m'invitent à rechercher au-dedans de moi ce Dieu qui parle au cœur. Tandis que la beauté et la grandeur de la Création m'émerveillent et m'incitent à remercier le Seigneur.

Un deuxième aspect que j'apprécie tout particulièrement, c'est la vie communautaire. En tant que bénévole, je suis amenée à collaborer avec les religieux, la maisonnée et les autres bénévoles. De nombreux liens d'amitié se tissent entre nous. La vie communautaire est pour moi une véritable école de charité. En présence de ces personnalités variées, de ces cultures et croyances différentes, on acquiert la connaissance de soi et la connaissance des valeurs importantes de la vie, telles que l'amour du prochain et le respect.

Enfin, le dernier aspect, celui qui me semble être le plus important, c'est la vie de prière avec la communauté religieuse. J'assiste à la plupart des offices, et j'aime particulièrement la prière d'intercession depuis la montagne. Je confie régulièrement au Seigneur les visages des personnes rencontrées durant ma journée de travail. La prière des psaumes m'aide à me faire proche des joies et des souffrances de l'humanité. Puis il y a aussi l'Eucharistie quotidienne, ce cœur à cœur avec Dieu, qui me donne de recevoir le corps et le sang du Christ. Par l'Eucharistie, les personnes qui vivent à l'hospice ne forment alors plus qu'un seul corps. *Cristel Gay*

Les provendes de l'hospitalité

Le chanoine Frédéric gaillard aide à rentrer la provision de fromages avant l'hiver, dans la cave voisine de celle occupée par les réserves d'eau et de vin.

Page de gauche
Le four à pain de l'hospice a été réactivé en 2012 avec l'aide bénévole des Chevaliers du four banal de Vollèges. Lucien Tauxe, cuisinier remplaçant, a ensuite pris la relève. Ces fournées artisanales restent exceptionnelles, la majeure partie du pain consommé à l'hospice étant livré depuis la plaine.

A L'HOSPICE, où, selon la devise, «le Christ est nourri», le ravitaillement a toujours représenté un défi logistique. Les archives indiquent que la maison, au XVIIIe siècle, était approvisionnée en pain de seigle du Valais et en pain de froment fabriqué à Aoste, monté à dos d'homme ou de cheval selon la saison. La construction de l'Hôtel de l'Hospice, à la fin du XIXe siècle, a permis d'installer pour la première fois un four à pain au col. La raison d'un aménagement aussi tardif est l'absence de bois de combustible à 2500 m. Le charbon puis le mazout utilisés pour chauffer le four donnaient au pain un arrière-goût aux vertus mitigées. Ce four a été abandonné dans les années 1960, lorsqu'une salle du sous-sol de l'hospice a été convertie en congélateur. Dès lors, il devenait possible de stocker des réserves de pain avec le reste des provisions, système encore en vigueur pour sustenter en hiver les milliers d'hôtes de cette demeure providentielle. Mais l'envie de retrouver un pain communautaire a incité le prieur à faire restaurer le four séculaire en le transformant en four à bois, ce qui fut fait avec l'aide des boulangers et fourniers de la confrérie des Chevaliers du four banal de Vollèges. En été 2012, pour la première fois depuis un demi-siècle, le chaud parfum d'une fournée enchantait les tablées de l'hospice.

Le fromage, autre provende de cette heureuse demeure, provient en partie des alpages de Bagnes et d'Entremont. Les pièces rondes ou carrées sont entreposées dans une cave à l'humidité idéale, où elles sont choyées avec amour et rigueur. Pour accompagner ces saveurs, le vin ne peut manquer, et la liste des denrées à faire rentrer avant l'hiver compte suffisamment de bons et honnêtes crus. Mais la vie au col serait impossible, malgré toutes ces richesses, s'il n'y avait la présence primordiale de l'eau ; une source prodigue et immémoriale est en partie captée et alimente deux énormes tonneaux. *P. R.*

« Nous sommes au cœur du monde »
TÉMOIGNAGE DE PASCAL CATOUILLARD, INTENDANT À L'HOSPICE DU GRAND-SAINT-BERNARD

JE VIS À L'HOSPICE depuis trois hivers. Il peut paraître étrange de compter ainsi le temps qui passe, mais cela me semble convenir à cet endroit si atypique qu'est le col. Bien sûr, il y a l'été ! La route carrossable, l'accès facile aux vallées alentour, les voisins. Mais je ne crois pas que l'on connaisse l'hospice si l'on n'y a pas passé un hiver. Pendant plus de sept mois, la route est fermée et les voitures cèdent la place aux skis. La vie se fait au rythme de la montagne, de ses humeurs que l'on apprend à respecter. Plus encore, pendant l'hiver, la population du col se résume au microcosme de l'hospice : la communauté religieuse et l'équipe qui travaille à ses côtés.

Au sein de ce petit monde se vit une aventure humaine riche, intense, parfois fatigante, mais si intéressante que cela vaut la peine de se lancer et de se relancer dans l'aventure. Car pour moi il s'agit bien de cela, une aventure. Et tout son intérêt se résume à une seule chose : vivre ensemble. On n'est jamais seul à l'hospice. Il serait vain et peut-être même vil de résumer ma vie ici à un travail, à une succession de tâches quotidiennes et routinières. Le mot service me paraît plus juste. On ne travaille pas à l'hospice, on y vit. Et dans le même temps, l'hospice travaille à sa manière ceux qui y vivent. Par la vie communautaire, certes exigeante, un espace est ouvert pour découvrir l'autre et donc se découvrir soi-même. Il faut alors accepter l'autre tel qu'il est, avec ses forces et ses faiblesses, son caractère et son langage. Il y a bien sûr la tentation de pointer les qualités et les défauts de chacun. Je crois que l'hospice, au contraire, m'invite à découvrir et à accepter les miens. C'est un exercice difficile, et il n'est pas rare que je m'y fourvoie. Quelque part, essayer de répondre à cette invitation, chercher à accepter l'autre, regarder ses propres manques, n'est-ce pas mettre en application la devise de l'hospice : « Ici le Christ est adoré et nourri » ?

On me demande souvent s'il n'est pas dur de vivre ainsi coupé du monde, loin de la ville et du XXIe siècle. On nous croirait presque ermites, seuls dans nos montagnes. Au contraire, celles-ci nous offrent un cadre de vie exceptionnel et sont indispensables à la vie qui se mène ici. Il est clair pour moi que sans elles, je ne vivrais pas ici. Elles sont propices au ressourcement, à la méditation, à un rythme qui me semble plus humain. L'isolement de l'hospice n'est que géographique, à l'intérieur nous sommes au cœur du monde.

Lorsque j'ai franchi pour la première fois les portes de l'hospice, je ne savais rien de celui-ci, de la vie qui s'y menait, des gens qui y vivaient. Et si je l'avais su, je ne m'y serais peut-être pas arrêté. Pourtant, même dans les moments plus difficiles, je n'ai jamais regretté de m'être engagé ici. Après trois hivers, je peux dire que mon regard sur l'autre a évolué, s'est enrichi. Au fil des rencontres, au fil des saisons, je peux dire que j'ai grandi. *Pascal Catouillard*

L'intendant, c'est un peu l'homme à tout faire, celui qui prend soin des fromages, qui sort en hiver pour porter les déchets de cuisine, qui coordonne les équipes de travail, et tant d'autres tâches indispensables au maintien de l'hospitalité.

Les aléas de l'hiver

L'HIVER est la véritable saison du Grand-Saint-Bernard. Le printemps ne semble durer que quelques jours, l'été passe comme un souffle tiède. Il peut neiger en juin, juillet et août. A partir de septembre, l'air fraîchit. En octobre, les pentes du Mont-Mort et de la Chenalette blanchissent, la neige reste. Officiellement, l'hiver débute le 15 octobre, lorsque la route ferme des deux côtés du col. Plus aucun véhicule ne peut monter. Un immense silence se déploie alors dans la montagne. Un silence qui va durer plus de sept mois.

LE SENS PROFOND DE L'HOSPITALITÉ
Les gens qui montent en hiver ne sont pas tout à fait les mêmes qu'en été. Le chanoine Frédéric Gaillard en témoigne: «En hiver, on doit fournir un effort important pour monter jusqu'à l'hospice depuis le bas du col. Cela permet d'éteindre l'agitation intérieure.» Les passants de l'hiver se comptent par milliers, qui montent le matin et redescendent le soir, ou bien qui restent plusieurs jours, en particulier lors des fêtes de Noël et de Pâques. Cela dépend du temps. Grand beau, et les voilà qui s'en vont dès la première heure en excursion, pour goûter au plaisir de parcourir des étendues vierges, jusqu'au Mont-Fourchon ou ailleurs. Mais lorsque le brouillard persiste, ou qu'il y a un danger d'avalanche, pas une âme de passage, la communauté de l'hospice demeure seule dans la montagne. La solitude qui s'installe va révéler, selon le prieur, le sens profond de l'hospitalité: «Accueillir, c'est avoir besoin de l'autre. On le sent très bien quand il tombe presque quatre mètres de neige en vingt-cinq jours, et que pratiquement personne ne monte pendant un mois. Accueillir, tout d'un coup, c'est libérer la vie, comme pour quelqu'un qui a vécu sur une île et qui voit enfin approcher un bateau, c'est très fort. Accueillir, c'est faire exister l'autre, et en même temps, l'autre qui vient jusqu'à nous nous donne

d'exister. L'hôte nous révèle le sens de notre existence et de notre présence ici.»

L'hiver oblige à une extrême vigilance en matière de sécurité. Les observations nivologiques effectuées chaque matin par l'oblate Anne-Marie Maillard ainsi que les trois relevés météorologiques quotidiens permettent d'évaluer les risques d'avalanche. Le danger varie selon la quantité et la qualité de la neige, la direction du vent, la température, l'emplacement et l'ensoleillement, la période de l'année. Le chanoine Frédéric se rappelle ces deux jours en mai 2013, durant lesquels il a neigé sans interruption avec un vent de sud-ouest: «Nous avons prévenu les gens du danger d'avalanche. On n'interdit pas de monter, car les gens sont responsables d'eux-mêmes, mais nous pouvons les conseiller de manière avisée.» Même long, l'hiver finit toujours par se retirer. Les eaux du lac se libèrent habituellement entre le 12 juin et les premiers jours de juillet. La route rouvre le

Ci-dessus et page de gauche
En hiver, les randonneurs à skis ou à raquettes sont nombreux à monter au Grand-Saint-Bernard.
Avant de s'engager en direction du col, ou de partir dans les montagnes autour de l'hospice, il est toujours recommandé de s'informer des risques d'avalanche et des conditions météorologiques.

En haut
Les laïcs et les religieux qui vivent toute l'année à l'hospice doivent régulièrement descendre en plaine et parfois remonter dans la nuit.

A la fin de chaque hiver, les cantonniers et autres techniciens ouvrent la route et déblaient les alentours de l'hospice. Ci-dessus, Joël Darbellay, aux commandes de la fraiseuse à neige. Page de gauche, Stéphane Pierroz et Dominique Farquet. En bas, Claude Lattion, conducteur de la dameuse.

1er juin, et le flot estival reprend son cours. Pendant au moins deux semaines, on peut entendre la rumeur de la neige qui fond. La montagne paraît dégorger. De partout l'eau s'écoule, en petites cascades, en ruisseaux brillants. Dans la crypte, où une rigole est aménagée au pied d'un mur, les prières sont accompagnées par le glouglou de l'eau de fonte. Puis ce glouglou peu à peu s'amenuise. Sur les pentes alentour la terre réapparaît, brune, bientôt verte et fleurie. Le cycle de la nature a enfin laissé place à l'exubérance de l'été.

DES MURS DE NEIGE

En 2013, cependant, les mois de printemps furent si froids que la neige, au lieu de commencer à fondre comme cela se produit normalement à cette période, s'était accumulée de telle sorte qu'en juin le col se trouvait enneigé comme en hiver. Au moins trois semaines de travaux de déblaiement ont été nécessaires aux cantonniers valaisans et valdôtains pour dégager la route sur les deux versants. Côté valaisan, les plus hauts murs de neige le long de la chaussée s'élevaient jusqu'à environ huit mètres, côté valdôtain, ils dépassaient les dix mètres. Pendant des jours, la communauté de l'hospice a vécu dans l'incertitude, ne sachant à quel moment le col ouvrirait. José Mittaz, Anne-Marie Maillard restaient en liaison régulière avec Eric Berclaz, chargé de la sécurité et de la prévention des dangers naturels pour le secteur du Grand-Saint-Bernard. L'ouverture officielle du col a finalement eu lieu le 18 juin, obligeant la communauté de l'hospice à reporter la fête de la saint-Bernard au 29 juin. Les jours suivant l'ouverture de la route, la surveillance du manteau neigeux fut cependant maintenue. La chaleur soudaine accélérant la fonte, certains murs de neige menaçaient de s'effondrer. *P. R.*

Le trésor d'église.
La beauté de l'objet ouvre au monde du sacré.

Chauffe-mains utilisé à l'église. XIIIe et XVIe siècles.

Croix processionnelle d'Aymon Séchal, XIIe et XIVe siècles.

Qu'est-ce qu'un trésor ?

A L'ÉVOCATION du mot trésor, l'imagination fait surgir des coffres débordant d'or, d'argent, de pierres précieuses et d'étoffes somptueuses. Pourquoi l'Eglise conserve-t-elle pareilles richesses ? La pensée rationnelle qui prévaut actuellement en Occident, forgée au XVIIIe siècle par les Lumières, exclut volontairement la dimension de la foi. Aussi la description historique et stylistique d'un trésor ecclésiastique ne suffit-elle pas pour en saisir la signification. Le trésor nous introduit au monde du sacré, où la matière devient le support de la relation entre Dieu et les hommes. La qualité d'exécution de l'orfèvrerie, le laiton, le cuivre, l'argent ou l'or parlent aux sens et à l'intelligence. Le chatoiement des émaux ainsi que la luminosité des pierres précieuses, tels des bouquets de fleurs, disent l'intensité de l'amour et le désir de sa pérennité. Le donateur fera faire un objet revêtu de couleurs et de pierres qui dit l'absolu de ses idéaux. La beauté ouvre une fenêtre sur l'éternité. Le trésor d'église est à la fois un ensemble d'objets destinés au culte – en relation avec l'histoire de cette église – et le lieu de leur dépôt. Historiquement, la notion de trésor d'église naît en 313, lorsque, par l'Edit de Milan, l'empereur Constantin autorise la religion chrétienne. Cependant, l'Eglise avait déjà des richesses. Lorsque saint Laurent est mis à mort, en août 258, c'est parce qu'il a présenté au préfet de Rome les pauvres de la ville nourris et vêtus aux frais de l'Eglise au lieu de lui remettre les trésors du culte.

CONSTITUTION DU TRÉSOR

Dans les communautés religieuses chrétiennes, une distinction des richesses va s'opérer dans les trois domaines que sont le culte, la science et la vie quotidienne. Le trésor d'église occupe la place fondamentale, parce qu'il contribue à relier les hommes à Dieu. Le rôle des monastères

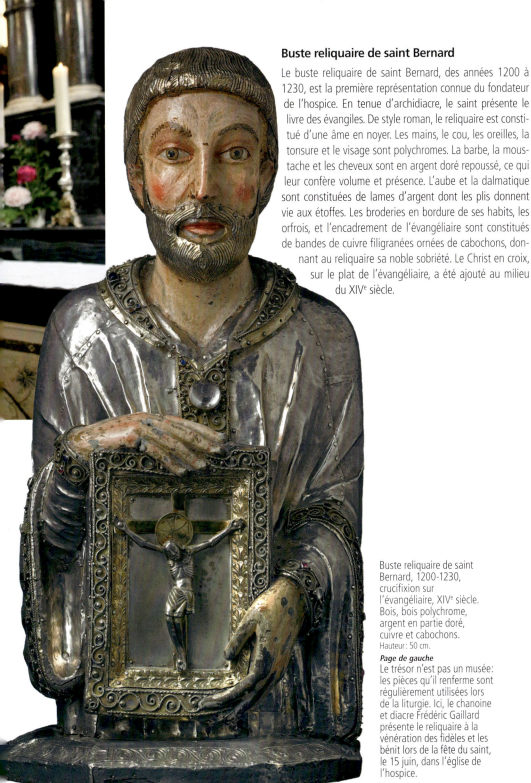

Buste reliquaire de saint Bernard

Le buste reliquaire de saint Bernard, des années 1200 à 1230, est la première représentation connue du fondateur de l'hospice. En tenue d'archidiacre, le saint présente le livre des évangiles. De style roman, le reliquaire est constitué d'une âme en noyer. Les mains, le cou, les oreilles, la tonsure et le visage sont polychromes. La barbe, la moustache et les cheveux sont en argent doré repoussé, ce qui leur confère volume et présence. L'aube et la dalmatique sont constituées de lames d'argent dont les plis donnent vie aux étoffes. Les broderies en bordure de ses habits, les orfrois, et l'encadrement de l'évangéliaire sont constitués de bandes de cuivre filigranées ornées de cabochons, donnant au reliquaire sa noble sobriété. Le Christ en croix, sur le plat de l'évangéliaire, a été ajouté au milieu du XIVe siècle.

Buste reliquaire de saint Bernard, 1200-1230, crucifixion sur l'évangéliaire, XIVe siècle. Bois, bois polychrome, argent en partie doré, cuivre et cabochons.
Hauteur : 50 cm.

Page de gauche
Le trésor n'est pas un musée : les pièces qu'il renferme sont régulièrement utilisées lors de la liturgie. Ici, le chanoine et diacre Frédéric Gaillard présente le reliquaire à la vénération des fidèles et les bénit lors de la fête du saint, le 15 juin, dans l'église de l'hospice.

Le trésor d'église | 75

Calice et patène gothiques de Nicasius d'Habarcq, 1507.
Argent doré, or et 6 émaux.
Hauteur : 22,3 cm.
Diamètre du calice : 11,8 cm.
Diamètre de la patène : 17 cm.

dans la transmission de la culture, via les bibliothèques et l'enseignement, n'est plus à démontrer. Le troisième domaine comprend tout ce qui contribue à la vie matérielle, dont l'argent et sa gestion. C'est le lieu évident de la charité envers les pauvres, sans exclure cependant que cette charité s'exerce dans la prière et la transmission du savoir. Contrairement aux collections privées qui doivent briller par leur unité, les trésors d'église sont toujours hétéroclites, en raison de leur histoire. Le trésor naît au moment de la fondation d'une église, comme l'ensemble des objets nécessaires au culte, puis évolue de manière aléatoire, au gré des dons, des modes et des vicissitudes. A l'hospice, les inventaires depuis 1419 n'indiquent aucun achat pour le trésor par le chapitre des chanoines, qui en est le propriétaire. Seuls des passants reconnaissants font des largesses, ainsi que les prévôts et quelques chanoines, qui pouvaient alors disposer de leurs économies. Presque tous les styles y sont présents depuis l'art roman qui prévalait au temps de la fondation de l'hospice.

Mentionnons que l'église actuelle, terminée en 1686, ainsi que la précédente – la crypte du XIIIe siècle – et leurs autels, tabernacles, peintures et statues font partie du trésor d'église, sans oublier les habits et les livres, dont le bréviaire enluminé de la fin du XVe siècle. La place d'honneur du trésor revient traditionnellement à la «vaisselle» liturgique qui accueille le Seigneur. Le corps du Christ est consacré sur une patène, conservé dans un ciboire, puis exposé dans un ostensoir, tandis que le calice contient le sang du Christ. Le second groupe d'objets comprend les reliques des saints, le troisième, le solde du trésor, à savoir les accessoires utiles au culte et les remerciements des passants pour des grâces obtenues, appelés les ex-voto. Revenons aux reliques. Il en existe de deux ordres, les véritables – issues du corps d'un saint, de fragments de ses habits ou d'objets lui ayant appartenu – et les reliques par représentation, qui ont touché une relique véritable. Le papier accompagnant toujours la relique, appelé l'authentique, explique ce qu'il en est. De splendides reliquaires sont fabriqués

Calice d'Arras

Ce calice et sa patène, de style gothique flamboyant, ont été offerts en 1507 par Nicasius d'Habarcq, citoyen d'Arras. Selon une notice de 1709, cet homme, « qui se trouvant sur mer en danger […], voua la plus belle pièce de sa marchandise, la tempête s'apaisa et ledit marchand donna […] ce calice, qu'il voulut racheter pour six cents pistoles. » La coupe du calice est en or massif, le pied et la patène en argent doré. Les six niches trilobées du nœud du calice sont habitées par les saints apôtres Paul, Philippe, Pierre, Barthélemy, André et Thomas, présentés sur un fond émaillé vert, bleu ou violet. Le pied comprend six émaux en forme de larmes, présentant le Crucifié, entouré de sa mère et de saint Jean, ainsi que les saints patrons de l'hospice : Augustin, Nicolas et Bernard. La dédicace du donateur est gravée sur le pourtour de la patène.

pour manifester la puissante intercession des saints auprès du Seigneur. A l'hospice, ils sont de trois types différents : la châsse, la monstrance et le reliquaire anthropomorphe. Les châsses sont traditionnellement de grands coffres destinés aux processions. Ici, il s'agit de minuscules coffrets, probablement parce que toute procession est rendue impossible neuf mois par an, du fait de l'enneigement du col. La monstrance, comme son nom l'indique, montre la relique aux fidèles, tandis que les reliquaires anthropomorphes présentent le saint.

DES PIÈCES MAJEURES

Le trésor du Grand-Saint-Bernard n'a pas souffert de l'incendie général de l'hospice, en 1554, ni des passages d'armées, ni des révolutions. En revanche, le gril du reliquaire de saint Laurent a été volé en 1425. Une dizaine de calices, un reliquaire d'ivoire et trois croix ont disparu avant 1750. Le plateau d'argent destiné aux offrandes, ainsi que des chandeliers ont été dérobés à la fin du XXe siècle, mais contrairement à ce qu'ont subi la majorité des trésors, les plus belles pièces ont subsisté depuis le Moyen Age, ce qui en fait un trésor remarquable malgré sa petite taille. L'anneau et le buste reliquaire de saint Bernard en sont les pièces majeures, puisqu'elles nous mettent en présence du fondateur de l'hospice. Le chauffe-mains, le bras de saint Nicolas, la croix processionnelle d'Aymon Séchal, le ciboire dit de saint Maurice et le calice de 1507 illustrent les principaux aspects de l'orfèvrerie médiévale au service de la liturgie. Ces reliquaires et les beaux éléments du trésor étaient présentés à la vénération de ceux qui en faisaient la demande à l'église, par deux chanoines revêtus de leur habit de chœur. Le plus jeune tenait un cierge, le plus ancien présentait les reliques. Afin de répondre à l'affluence des passants, le trésor fut sorti de l'église, vers 1970, pour en favoriser la visite. Depuis 1989, il est exposé dans une salle spéciale attenante à la nef, invitant ceux qui y entrent à découvrir Dieu dans la beauté des œuvres qui chantent sa gloire. *J.-P. V.*

Reliquaire de la sainte Epine, 1397, XVe siècle et 1615. Cristal de roche et argent en partie doré.
Hauteur : 39 cm.

Reliquaire de la sainte Croix, 1933. Argent bruni.
Hauteur : 37 cm.

Reliquaire des saints apôtres, 1436-1471.
Argent en partie doré.
Hauteur : 36 cm.

Trois tours reliquaires

Le cœur de la vie chrétienne consiste à adhérer à la personne de Jésus de Nazareth, à ses paroles et à ses actions transmises par les évangiles. Ces trois tours reliquaires nous ramènent à sa vie. La première contient une épine de sa couronne, offerte en 1397 à l'hospice par le prévôt Aymon Séchal, devenu patriarche de Jérusalem. Ce reliquaire de la sainte Epine a pris sa forme actuelle en 1615, après l'ajout sur un reliquaire du XVe siècle de deux frises crénelées ornées d'angelots, du socle doré sous le cristal, de la couronne d'épines en métal doré, de l'étoile de gloire sous le clocheton et du crucifix. Le reliquaire de la sainte Croix, de 1933, est une réalisation de l'orfèvre Marcel Feuillat pour faire pendant au reliquaire de la sainte Epine. La relique est placée dans un cristal de roche en forme de croix, entouré de deux anges adorateurs, dont les ailes déployées supportent un clocheton hexagonal surmonté d'un crucifix. Le nœud du reliquaire est orné d'un dragon ciselé, terrassé par la croix. La troisième tour contient dans un tube hexagonal des reliques des saints apôtres Pierre, Paul, Simon, Jacques le mineur, Thomas, Mathias, Mathieu, Barnabé et André. Témoins du Christ jusqu'au martyre, les apôtres sont les pierres de fondation de l'Eglise, apportant le Christ aux hommes pour les conduire au ciel.

Termes techniques

Repoussé : mise en relief d'une plaque de métal par martelage depuis l'arrière.
Ciselure : abaissement du métal pour former du relief, en travaillant sur le devant.
Cabochon : pierre précieuse polie, non taillée.
Filigrane : technique d'entrelacement et de soudure de fils métalliques, brodés telle de la dentelle.
Émail : substance vitreuse colorée au moyen d'oxydes métalliques appliquée à froid puis cuite au four.

Le trésor d'église | 79

Trois reliquaires anthropomorphes

La culture du croyant lui permet de reconnaître les saints. Le premier tient dans sa main droite la palme de son martyre. Sa main gauche présente quatre pierres évoquant sa lapidation. Il s'agit donc de saint Etienne, le premier martyr de l'Eglise, qui meurt en pardonnant à ses meurtriers. Le deuxième reliquaire anthropomorphe contient, selon ce qui est inscrit en latin sur son cœur, «une parcelle de chair de saint François de Sales, évêque de Genève». Il s'inspire de ses portraits peints, et le cœur sur son socle fait allusion à son «Traité de l'amour de Dieu», paru en 1615. Dans ses écrits, saint François de Sales met l'idéal de la sainteté à la portée de chaque vie humaine, ce qui en fait un auteur spirituel majeur. Le bras reliquaire, ici celui de saint Nicolas, est une manière ingénieuse de représenter un saint. Un prêtre bénit avec ce bras pour permettre un contact intime entre le saint et les pèlerins. Cela devait éviter la manipulation du reliquaire par les fidèles, donc sa dégradation physique. Il s'avère cependant que l'inventaire du trésor de 1419 mentionne qu'il manque deux doigts à ce reliquaire, restaurés peu après, en même temps que la petite porte donnant accès aux reliques.

Buste reliquaire de saint Etienne, vers 1887. Cuivre argenté.
Hauteur : 55,5 cm.

Buste reliquaire de saint François de Sales, 1732. Bois doré.
Hauteur : 49,5 cm.

Bras reliquaire de saint Nicolas, XIVᵉ siècle, porte restaurée entre 1436 et 1471. Bois, bronze, argent, cuivre doré.
Hauteur : 49,5 cm.

Chauffe-mains en cuivre doré et boule en fonte, 1230-1240, système de suspension, XVIe siècle, cuivre rouge.
Diamètre : 8 cm.

Processionnaire, avant 1447.
Bois, argent, cuivre doré.
Hauteur : 14,8 cm.

Chauffe-mains et processionnaire

Deux objets de dimensions modestes nous font entrer dans l'intimité du quotidien. En hiver, pendant la prière, le chauffe-mains sphérique donne un peu de confort, grâce au petit boulet de fonte qu'il renferme, et qui a été préalablement chauffé au feu.

Le chanoine Paul Hubert (1907-2004) racontait que, jeune prêtre, il l'utilisait, comme c'était la tradition, au cours de la messe qu'il célébrait. Entre le moment de la consécration du pain et du vin et celui de la purification du calice, il devait déposer le chauffe-mains et garder le pouce serré contre l'index, selon les normes en vigueur, car ces doigts-là avaient touché le corps du Christ. Comme la température de l'église descendait jusqu'à -14 °C, il attrapait habituellement des engelures pendant qu'il disait la messe.

Le coffret rectangulaire surmonté d'un toit contient des reliques de saint Bernard. Il est couronné d'une sphère dont la croix était déjà détachée en 1446. Sur les côtés, deux anneaux de suspension permettaient aux religieux de symboliser l'œuvre d'hospitalité de leur fondateur en allant à la rencontre des pèlerins avec ce processionnaire autour du cou.

Le trésor d'église | 81

Croix processionnelle d'Aymon Séchal, Christ, fin XIIe siècle, croix, 1397. Argent, argent doré, 9 quartz, 44 pierres moyennes, 58 petites pierres, dont 32 authentiques.
Hauteur : 42 cm.

Trois croix

La croix la plus fastueuse du trésor est offerte à l'hospice en 1397 par le prévôt Aymon Séchal. Elle se rattache au monde byzantin par sa forme recroisetée, dont chaque branche se termine par une petite croix.

Le Christ, dont la dignité se rapproche de celle des icônes, y est paisiblement installé, sans les marques de sa passion, pour inviter à contempler la vie éternelle. Les extrémités de la croix portent les symboles des quatre évangélistes : l'aigle de saint Jean, le taureau de saint Luc, l'ange de saint Mathieu et le lion de saint Marc. Au revers, 111 pierres précieuses manifestent la résurrection. Il s'agit probablement de cadeaux laissés à l'hospice par des passants reconnaissants. Notons que seules 32 pierres sont authentiques et qu'au XIVe siècle, lorsque la croix a été assemblée, les fausses pierres n'existaient pas encore. Cela signifie que les vraies pierres ont été remplacées au XIXe siècle, lorsque cette croix a été prêtée pour des expositions dans les grandes villes européennes. Les chanoines ont préféré prendre le risque de se faire voler plutôt que de manquer une occasion d'évangéliser par la beauté. La deuxième croix reprend des décorations de

82 | Le trésor d'église

Croix au christ en ivoire,
XVᵉ siècle, christ, XVIIᵉ siècle.
Bois, argent, 12 pierres plates,
4 marguerites rouges
et blanches et 2 pierres
transparentes ovales.
Hauteur : 58,5 cm.

Croix processionnelle
de saint Oyen,
XIIIᵉ et XIVᵉ siècles.
Cuivre doré,
2 cabochons et
2 topazes.
Hauteur : 51,5 cm.

style roman, telles les plaques des extrémités, ornées de feuilles de chêne, et y cloue un christ gothique. A l'instar des cathédrales qui s'édifient à cette époque, ce Christ monte vers la lumière, il triomphe de la mort. En effet, sa couronne n'est pas d'épines, c'est une couronne royale. De plus, son déhanchement suggère le mouvement de la résurrection, allant de la mort à la vie. La troisième croix présente un Christ d'ivoire souffrant. La douleur se lit sur son visage alors qu'il crie vers son Père : « Pourquoi m'as-tu abandonné ? » La pesanteur du corps est presque insupportable. De plus, les bras de Jésus sont rapprochés l'un de l'autre, à la manière janséniste du XVIIᵉ siècle. Ainsi le Seigneur n'ouvre-t-il plus les bras en grand pour accueillir tous les hommes. Il restreint son salut à une élite, symbolisée par cet espace diminué où le salut reste possible. Cette pensée janséniste a défiguré le christianisme en y introduisant la peur d'un Dieu vengeur, dont l'Eglise, surtout en francophonie, reste marquée. Dieu le Père nous aime. Il a envoyé son Fils sur la terre, porter le poids de nos vies. Il est mort et ressuscité pour nous communiquer la vie éternelle, celle qu'il partage avec le Père et l'Esprit-Saint.

Le trésor d'église | 83

Ciboire dit de saint Maurice, 1438-1443. Cuivre, argent doré et résine laquée rouge.
Hauteur : 34,5 cm.

Trois vases sacrés

Les décors gravés de feuilles souples sur laque rouge, sous la coupe du ciboire dit « de saint Maurice », ainsi que l'inscription en arabe « fait à Saint-Jean-d'Acre », au point d'attache du pied, nous renvoient à l'Empire romain d'Orient. Ce ciboire, servant à entreposer les hosties – le corps du Christ – est un cadeau du prévôt Jean d'Arces, futur cardinal, qui participe au 17e concile œcuménique où le pape Eugène IV signe, le 6 juillet 1439, l'union de l'Eglise romaine avec l'Eglise orthodoxe de Constantinople. Le grand calice baroque, servant à la consécration du sang du Christ, est typique de la réforme catholique. L'or magnifie la présence réelle du Christ, tandis que les émaux figuratifs disent le mystère de la communion des saints, deux vérités réfutées par les protestants. Le petit calice vient du monde protestant : sa coupe est proportionnellement plus grande pour ouvrir la communion aux fidèles, tandis que sa forme épurée magnifie l'unique autorité de la Bible. L'orfèvre l'a catholicisé pour les chanoines en dorant sa coupe, alors que ses calices pour le culte sont en étain ou en argent. Il n'y a pas de croix gravée sur son pied, probablement afin d'éviter des mesures de rétorsion des autorités si elles découvrent qu'un des leurs a travaillé pour les catholiques.

84 | Le trésor d'église

Calice de l'orfèvre lausannois Claude Louis Duciel, 1747-1764. Argent et vermeil.
Hauteur : 22 cm.

Calice avec motifs rocaille, de l'orfèvre fribourgeois Jacques-David Müller, 1737-1741. Argent doré et 6 émaux.
Hauteur : 29 cm.

Le trésor d'église | **85**

Chasuble blanche, début
du XVIIIe siècle. Soie brodée,
fils de couleur, d'argent et d'or.
Hauteur : 106 cm.

Le message de la chasuble

Cette chasuble blanche – l'habit du prêtre durant la messe – du début du XVIIIe siècle résume la foi de l'Eglise. Elle l'exprime avec l'emphase baroque, qui répond aux épurations protestantes.

Lorsqu'il prie, l'homme entre en relation avec Dieu. Il est également le porte-parole de la création visible. Les fils d'or et d'argent évoquent les minéraux, les fleurs et les fruits, le règne végétal, les fils de soie et les oiseaux, le monde animal. Par ses prières et ses chants, l'homme unit sa louange aux chœurs invisibles des saints et des anges. De plus, les fleurs des bonnes intentions doivent fructifier en bonnes actions. Ainsi s'édifie la cité sainte.

Le but de l'existence, c'est la vie des couleurs et la perfection de la charité, l'héritage de la vie divine, c'est le ciel. Cette chasuble et d'autres, semblables, sont toujours utilisées. Ici, le chanoine Jean Emonet aide Benoît Vouilloz, alors prévôt, à s'en vêtir pour la messe de la Saint-Augustin.

Plateau Louis XV à cannelures, des orfèvres Papus et Autun, 1762-1773. Argent.
Diamètre : 24 cm.

Le kit du prévôt

Les chanoines commandent parfois des pièces d'orfèvrerie pour le culte de Dieu. L'ostensoir, qui sert à présenter Jésus dans l'hostie, illustre la devise de l'hospice, «Ici le Christ est adoré et nourri». Celui-ci est un cadeau du chanoine Bovard, selon une notice de 1709, qui précise que le prévôt s'est ensuite débarrassé de l'ancien, «fait à l'antique», car gothique, en l'offrant à la paroisse de Pollein, en Val d'Aoste. En 1896, les religieux de l'hospice lui ajoutent une rangée de rayons en argent doré pour en augmenter la beauté. Le 9 août 1762, le prévôt Claude-Philibert Thévenot obtient du pape Clément XIII le droit des infules pour lui-même et ses successeurs. Les infules correspondent principalement au droit de porter la crosse et la mitre, qui sont le bâton et le chapeau des évêques. Il fait aussitôt réaliser une chapelle, autrement dit un kit religieux complet à son usage, muni de ses armes. Le prévôt utilisait à l'origine le bourdon, soit le bâton de l'archidiacre d'Aoste, désormais remplacé par la crosse, terminée par une volute. Cela signifie son rôle de berger de la communauté. Le plateau, de style Louis XV, sert le jour de la bénédiction abbatiale pour y déposer la croix pectorale et l'anneau remis au prévôt en signe d'investiture.

Ostensoir, 1762-1773.
Métal argenté.
Rayons dorés, 1896.
Hauteur : 49,5 cm.

Crosse, 1762.
Bois, métal argenté ou doré.
Hauteur : 191 cm.
Diamètre de la volute : 16 cm.

Le trésor d'église | **87**

Le bréviaire du Mont-Joux

Le bréviaire *ad usum Montisiovis* (à l'usage du Mont-Joux), probablement commandé par le prévôt François de Savoie (1459-1490), contient l'ensemble des textes nécessaires aux prières quotidiennes des religieux du Grand-Saint-Bernard, à raison de huit offices par jour. Conçu pour les prêtres et les religieux en voyage, le bréviaire résume les différents livres de prières que sont l'antiphonaire, le psautier, le lectionnaire et le collectaire. L'usage en a été généralisé par le pape saint Pie V en 1568.

La facture de ce bréviaire est assez exceptionnelle. En peau de chèvre, il est rédigé par une seule main. Le scribe a écrit les textes à l'encre noire, les indications techniques à l'encre rouge et parfois l'une ou l'autre majuscule à l'encre bleue. Un enlumineur a orné avec finesse dix-sept pages. Parmi ces ornementations se trouve une représentation de saint Bernard. Il est à remarquer que les oiseaux, sur les décorations végétales des marges, sont issus de l'observation directe et non de l'imagination. Certaines lettres majuscules du bréviaire, de deux à huit par pages, sont décorées à l'encre, puis de l'or y est systématiquement coulé, faisant de ce livre une œuvre d'art au service de la prière.

Travail de scribe et d'enlumineur, ce bréviaire
est un chef-d'œuvre au service de la prière

Bréviaire du Mont-Joux,
vers 1475, sans lieu.
19,5 x 14 x 8 cm, 460 feuillets,
latin. Manuscrit finement travaillé
avec 17 pages enluminées.
(Manuscrit 4, ancien 10095).

Intérieur de la morgue avec la Vierge à l'enfant veillant sur les défunts.

Page de gauche
Vierge à l'enfant, fin du XVe siècle, bois autrefois polychrome. Hauteur : 98 cm.

La Vierge de la morgue

Cette statue de la Vierge à l'enfant se trouvait autrefois à la morgue, veillant sur les défunts, victimes de la montagne. En bois autrefois polychrome, elle a gagné en beauté et en intériorité ce qu'elle a perdu en peinture. L'enfant Jésus tient de sa main droite, près du menton de sa mère, le globe terrestre, qui s'est cassé au fil des années. Cette statue n'est pas sans analogie avec la période que nous traversons. Elle remonte à la fin du Moyen Age, et cette Terre abîmée suggère une fin de civilisation. Comme alors, nous sommes dans des contextes politique, économique et social qui questionnent par leur extrême fragilité. Cette Vierge à l'enfant a rejoint le trésor en 1992, et a été remplacée à la morgue par une pietà de pierre ollaire, sculpture du chanoine René Giroud.

La morgue a été construite par les chanoines en 1476, pour y rassembler les victimes de la montagne, actuellement 150 crânes. En effet, la terre en haute altitude n'est pas assez profonde pour y déposer les corps des défunts. Au moment de la toilette funèbre, le mort est ligoté sur une planche, puis déposé dans un cercueil. Après la cérémonie religieuse, le cercueil est rangé et le défunt, avec sa planche, déposé verticalement dans la morgue. Là, il se momifie partiellement en raison des conditions climatiques. Une fois les os détachés du corps, ils sont rangés par format, tandis que les crânes sont alignés sur des étagères aux pieds de la Vierge à l'enfant, pour inviter à l'espérance. La visite de la morgue et son iconographie macabre faisaient partie des curiosités de l'hospice jusqu'à ce que les chanoines la fassent murer, au milieu du XXe siècle. Désormais, la Vierge à l'enfant a quitté le monde des morts pour présenter aux pèlerins et aux visiteurs du trésor son apparence défraîchie, qui questionne sur le sens et la fragilité de l'existence terrestre.

Les chanoines, les marronniers et leurs chiens.
Du secours en montagne à la Fondation Barry.

Chaque été, les chiens saint-bernards reviennent au col. Bien qu'ils ne vivent plus en permanence avec les chanoines, ces animaux mythiques demeurent indissociables de l'hospice.

Le service de la montagne : un marronnier de l'hospice et son chien secourent des voyageurs pris dans la tempête. Les marronniers (ou maronniers) sont mentionnés vers l'an 900, avant la fondation de l'hospice. L'histoire des chiens saint-bernards est en revanche beaucoup plus récente, leur arrivée au col ne datant que de la deuxième moitié du XVIIe siècle. Détail d'une gravure à l'aquatinte, vers 1830, copie de Jean-Pierre Lamy, auteur inconnu.

Le maître de Barry
Souvenirs d'Antoine Paccolat, domestique au Grand-Saint-Bernard de 1903 à 1917, marronnier de 1903 à 1907[1].

Les chiens étaient dressés à reconnaître le chemin sous la neige et dans le brouillard. En cas d'avalanche, ils aidaient à rechercher les victimes.

Page de gauche
Marronnier et son chien sur le perron de l'hospice. En val d'Aoste ces sauveteurs étaient appelés les soldats de la neige.

LE MARI ÉPOUVANTÉ

C'était jour d'examen pour les jeunes religieux[2] et tous les Pères étaient occupés lorsqu'on annonça de la Cantine de Proz[3] le passage d'un homme accompagné de son épouse, jeune couple d'employés d'hôtel, rentrant de leur saison de Chamonix et se rendant à Aosta, lieu de leur domicile. Il y avait un peu de neige fraîche, mais le temps n'était pas froid et le pion[4] était tracé au chemin d'hiver. Parti à leur rencontre avec le bon *Barry*, je les rejoignis en face de la Pierraz. Après leur avoir fait prendre un peu de pain et de fromage et boire une coupe de vin comme c'était l'habitude, nous repartîmes doucement et tout alla bien jusqu'en face du Plan-des-Dames. Là, la dame se plaignit d'être à bout de forces, chancela et perdit connaissance. Son mari épouvanté donnait aussi des signes de fatigue, ce que voyant, je fixai la chaîne au collier du chien et, sortant mes mitaines de ma poche, je les remis à l'homme en lui disant de se tenir solidement par la laisse, et le brave *Barry* tirant courageusement lui fut du plus grand secours. De mon côté, je pris la femme, qui n'était pas très lourde, sur mes bras, comme un enfant, et doucement nous avancions ainsi.

Sitôt fini l'examen, M. le clavandier May vint voir si nous arrivions. Nous atteignions précisément et assez péniblement le sommet du Poyet. Enfin le secours et l'hospice étaient là. Après avoir reçu les soins que demandait son état, la dame reprit enfin ses sens, et son mari, remis un peu de sa fatigue et de sa frayeur, ne cessait de raconter à tout le monde combien le brave *Barry* l'avait aidé. «Comme il est fort, ce bon chien! Sans lui je ne serais jamais arrivé», disait-il. Tout se passa sans dommage et ces braves gens, ayant fait plusieurs années encore leurs saisons d'hôtel, n'oublièrent jamais cette pénible course et à toutes occasions ils venaient réitérer leurs remerciements aux Pères et à votre serviteur.

---

1. Antoine Paccolat a rédigé ses souvenirs sur des feuilles éparses, conservées par les archives du Grand-Saint-Bernard.
2. A l'époque, le séminaire de la congrégation se trouvait encore à l'hospice. Il fut transféré en 1953 à Ecône, en 1959 à Martigny, et finalement à Fribourg en 1971.
3. Avant d'être immergée par le barrage des Toules en 1964, la Cantine de Proz servait de relais en bas de la route du col.
4. Le pion est le nom donné au chemin dans la neige, et que les chiens aidaient à garder ouvert.

Le service de la montagne

Etre appelé à secourir les voyageurs était fréquent. Les archives attestent que des centaines de vies ont été sauvées grâce au service de la montagne assuré quotidiennement par l'hospice. Les vies perdues furent également nombreuses. Après l'installation du télégraphe puis du téléphone à la fin du XIXe siècle, les chanoines et les marroniers cessèrent d'aller chaque jour avec leurs chiens au-devant des voyageurs. Mais le trafic hivernal sur le col ne s'est pas arrêté pour autant. Encore aujourd'hui, il arrive que des secours doivent être dépêchés par l'hospice, où une luge d'avalanche reste toujours prête à l'usage.

Estampe de H.-C. Müller, vers 1830.

MOURIR ICI OU MOURIR PLUS LOIN

Une nuit de décembre extrêmement froide, par un clair de lune magnifique, je partis avec mon fidèle *Barry* à la rencontre d'un ouvrier italien signalé par la Cantine de Proz. La neige durcie par une série de jours très froids permettait de passer partout sans danger d'enfoncer. Je rencontrai mon homme vers l'Hospitalet. Il était chargé d'une lourde valise que je pris sur mes épaules pour le soulager un peu. Agé d'environ 35 ans, bien bâti, le voyageur ne donnait aucun signe de fatigue et me suivait aisément. Nous montions tranquillement vers l'hospice tout en causant, lorsque, arrivés au fond de la Combe, étonné de ne pas recevoir de réponse, je me retournai et l'aperçus debout, immobile quelques pas en arrière. Je revins vers lui pour m'enquérir de la cause de son arrêt et il me répondit avec peine dans son patois valdôtain: «Je ne peux plus avancer et, du reste, mourir ici ou mourir plus loin, n'est-ce pas égal?» Déposant la valise afin de pouvoir mieux le soutenir, je me mis à son côté pour l'aider et l'encourager de mon mieux. Il s'abandonnait fatalement sur moi, ses jambes paraissaient raides et sa mâchoire contractée lui causait des difficultés à parler. (...) Le froid très vif ne permettait pas de s'arrêter sans danger pour ce pauvre homme, et tout doucement nous parvînmes à la Frossarde. De là jusqu'au Poyet, la pente était plus douce, j'espérais que cela irait mieux quand, ayant lâché mon homme pour attacher ma cravate au collier du chien en signe d'appel et l'envoyer chercher du secours, l'homme se laissa choir comme une masse en dessous du pion en me disant: «Je te l'ai dit déjà, mourir ici, mourir plus loin, c'est égal, laisse-moi mourir tranquille.» J'essayai les grands moyens, l'ayant soulevé un peu, je le secouai avec force puis lui administrai quelques bonnes claques. L'effet fut immédiat, il se releva presque sans aide en me menaçant.

J'en profitai pour envoyer *Barry* en quête de secours. Je dus répéter plusieurs fois mon ordre: *Barry*, va vite! La brave bête, qui ne m'abandonnait jamais, faisait quelques bonds puis revenait vers moi. Enfin, elle parut avoir compris et s'élança comme une flèche vers l'hospice pour s'arrêter au point où le chemin débouche sur la place, car je l'avais habituée à rentrer la dernière.

M. le clavandier May, étant sorti pour voir si j'arrivais, trouva le chien là couché et regardant vers le Poyet attendant mon arrivée. Ayant vu ma cravate en boucle au collier de *Barry*, il comprit le SOS et envoya précipitamment du secours. Entre-temps, le bonhomme réanimé par le remède magistral avait fait tout son possible et nous étions arrivés au Poyet. Là, à bout de forces, il perdit connaissance et s'abattit comme une masse. Ne pouvant laisser l'homme tranquille une minute seulement, de crainte qu'il ne gèle, je le hissais petit à petit lorsque enfin le secours arriva. Energiquement soigné par les frères, le voyageur reprit bientôt ses sens et me dit: «Si tu ne m'avais pas secoué et giflé, je me serais endormi pour toujours.»

Transport d'un malheureux Voyageur à l'hospice du grand St. Bernhard.

Lithographie de Manega, vers 1830-1835.

Ci-contre
Reconstitution d'un sauvetage, avec chanoines et marronniers. Fin du XIXe, début du XXe siècle.

Le service de la montagne | 97

Les chanoines gardaient à l'hospice une meute de dix à vingt chiens. Les peintures et autres documents iconographiques montrent que la race saint-bernard, officialisée en 1884, a considérablement évolué, de telle sorte que les chiens d'aujourd'hui ressemblent peu à ceux d'hier.

A mon appel: «*Barry*, au chemin!» il plongea à nouveau sa tête dans la neige

LÉCHÉ PAR BARRY

Une nuit d'hiver calme mais sombre paraissant écraser la montagne avait chassé le jour depuis pas mal de temps déjà. Il était environ 20 h lorsqu'un téléphone de la Cantine de Proz nous annonça qu'un homme se dirigeant vers le Grand-Saint-Bernard était passé vers eux entre 15 et 16 h. Le temps n'étant pas froid du tout et l'homme ayant l'air vigoureux, le cantinier n'avait pas cru devoir nous en aviser tout de suite bien qu'il neigeât très fort. Nous partîmes immédiatement, mon collègue Emile Deslayes, de Brusson, et votre serviteur, avec comme guide le brave *Barry (Barry II)*. Nous avions à ce moment-là pour seule lumière de petits falots que l'on munissait d'une bougie. Le sentier d'hiver n'étant pas encore tracé, nous rejoignions la route au couloir du Tronchet. Arrivés en cet endroit, le chien prit la direction de l'hospice, ce que voyant, je lui dis: «*Barry*, au chemin!» La brave bête enfonça sa tête dans la neige puis, la tournant vers moi comme pour me dire c'est par ici, il continua dans la même direction, en répétant son geste tous les deux à trois mètres.
Je dis à mon collègue: «L'homme a passé par là, suivons *Barry*.» Au Tronchet, la neige s'était accumulée sur une grande hauteur et barrait entièrement la route. Le brave *Barry*, sans hésitation, tirant sur la chaîne, s'achemina dans les rochers. A mon appel: «*Barry*, au chemin!» il plongea à nouveau sa tête dans la neige puis, m'ayant regardé, il continua la descente. Je disais à mon camarade ma crainte que ce pauvre voyageur soit allé dégringoler les rochers surplombant la combe et s'y tuer, lorsque le chien, poussant un petit cri, s'arrêta et se mit à lécher quelque chose dans la neige. L'homme était là, couché sur le dos, les pieds vers la montagne, les bras ouverts comme un crucifié. Quatre à cinq centimètres de neige le recouvraient entièrement et le bon *Barry* lui léchait le visage d'une façon si touchante que j'en fus ému. L'ayant saisi un par côté et soulevé un peu, nous ne découvrîmes point de sang. Mais le pauvre était sans connaissance et inerte, s'abandonnant dans tous les sens comme un cadavre. Avec beaucoup de peine, nous parvînmes à le hisser jusqu'à la route puis, le soulevant le plus possible, nous nous acheminâmes doucement vers l'hospice, précédés par *Barry*, auquel j'avais enlevé la laisse et qui marchait tout près de nous en poussant quelques petits cris.
La distance n'était pas très longue. Nous y fûmes bientôt, et, après avoir reçu des Pères les soins empressés que nécessitait son état, le rescapé reprit enfin ses sens. Cet homme venait d'être arraché des griffes de la mort car sans le flair et l'intelligence de *Barry*, nul n'aurait cherché le voyageur dans ces parages, et un cadavre en putréfaction retrouvé l'été suivant aurait été tout ce qui restait du beau et fort jeune homme.

L'histoire en partie légendaire du chien *Barry*, de l'élevage de l'hospice du Grand-Saint-Bernard, a marqué des millions de personnes depuis le XIXe siècle. Mort en 1814, ce chien fut empaillé pour être exposé au Musée d'histoire naturelle de Berne. Le tonnelet dont il a été affublé provient de la légende: jamais les chiens saint-bernards n'en ont porté lors des missions de sauvetage.

J. J. 8498 Hospice du Grand St. B
Arrivée d'une caravane

Je garde de ce frère inférieur,
de ce compagnon si sûr un souvenir attendri

DES CHIENS REMARQUABLES

Le nombre de ces belles et braves bêtes est en moyenne de 12 à 15 adultes, et peut atteindre à certains moments un contingent assez élevé. Ainsi j'ai souvenir qu'à un moment donné, plusieurs nichées bien réussies avaient porté ce nombre à 38. Toutefois, le chiffre moyen fut assez vite rétabli, un certain nombre des jeunes ayant été transportés à Saint-Oyen, quelques-uns à Martigny, et plusieurs ayant péri de la maladie des chiens. Quelques mots maintenant de l'un ou l'autre de ces bons chiens plus spécialement remarquables. *Barry*[5], qui périt à Mont-Cuby[6]. Brave bête, très intelligente et d'une grande douceur, familière et attachante, possédant au plus haut degré tous les signes de sa race : tête superbe (...) a été un reproducteur de grande valeur et a donné toute une série de beaux sujets. Il était aussi dressé pour les sorties à la rencontre des voyageurs, mais comme il n'était pas assez vigoureux, on ne pouvait pas l'utiliser par les grosses neiges, car, malgré sa bonne volonté, il ne pouvait pas avancer et on devait le laisser derrière la colonne.

Barry II, qui périt dans le lac. Chien de haute valeur comme guide, de très grande taille, doué d'un courage et d'une vigueur exceptionnels, il n'a jamais lâché la tête de la colonne, quelle que fût la hauteur de la neige, et après tant d'années, je garde de ce frère inférieur, de ce

5. Il s'agit de Barry III, connu pour avoir aidé à sauver plusieurs voyageurs. Son corps empaillé est exposé au musée de l'hospice.
6. Situé en contrebas du Plan-de-Jupiter.

Associer la vie religieuse et l'élevage des chiens n'allait pas de soi pour tous les chanoines. Certains confrères, au contraire, s'attachaient spontanément à ces animaux. Ici le chanoine Gabriel Pont, actuel doyen de la congrégation, photographié en 1960 avec un chiot saint-bernard.

Page de gauche
Dès la fin du XIXe siècle, les cartes postales montrant les chanoines et leurs chiens ont contribué à populariser le nom de l'hospice au-delà de l'Europe. L'affluence des touristes au col n'allait pas sans poser des problèmes, les gens voulant approcher les chiens et les toucher. Ce n'est qu'en 1937 que les chiens furent installés dans un enclos.

compagnon si sûr et si fidèle un souvenir attendri. Ce chien, magnifique (...) n'a cependant absolument rien donné comme descendance, car on n'a jamais pu l'utiliser pour la reproduction, sa tête manquant de largeur et sa mâchoire inférieure un peu en retrait auraient certainement nuit aux caractéristiques de la race. Par contre, il a été remarquable et de première force pour le service de la montagne en hiver. (...)

L'AVALANCHE

Les chiens sentent-ils le danger ? Il est très difficile de le dire avec certitude. Toutefois, leur instinct, leur odorat et leur ouïe très développés pourraient presque le faire croire, témoin le fait suivant : une compagnie d'alpins italiens, cantonnée à Aosta et commandée par un capitaine fanatique de la montagne, très entraîné et par surcroît très exigeant et dur pour ses hommes, eut la malchance d'être ramassée par une avalanche, un certain nombre d'entre eux périrent. De retour à Aosta, plusieurs désertèrent en passant par divers cols. Cinq de ces derniers arrivèrent à l'hospice à l'aube, l'un d'eux, malade, ayant contracté une pneumonie. Après un jour ou deux de repos, les quatre autres partirent vers Martigny et je les précédais avec *Barry*. (...) A mi-chemin entre la Souste et le Poyet déjà, le chien s'arrêta à diverses reprises en levant la tête et en flairant du côté du Mont-Mort. Il y avait une assez forte neige fraîche et il neigeait beaucoup, avec les nuages très denses, de sorte qu'on ne voyait qu'à quelques mètres devant soi. Le chien continuait son manège et j'arrivais environ aux deux tiers du Poyet lorsque *Barry* s'arrêta net en poussant un cri. A cet instant j'entendis nettement le bruit caractéristique d'une gonfle qui saute. Me retournant vivement, je criai aux hommes : «Vite en arrière et couchez-vous !» J'eus le temps de remonter de deux à trois mètres et de me coucher rapidement. Le chien s'aplatit contre moi en gémissant. Les hommes affolés ne cessaient de crier : *«Hia, Hia, l'avalanca, l'avalanca.»* Le tourbillon passa tout près de nous, remontant bien haut en dessous de la galerie. Nous fûmes recouverts d'une couche de poudre blanche, mais quittes pour la peur.

Paul des chiens

«MON PÈRE, Paul, était le responsable des chiens. Tous les matins, vers 5 heures, il les emmenait en promenade. Arrivé à la Chenalette, près du télésiège, il poussait un monstre cri, c'était le cri de Paul, et tout le monde au col savait qu'il était là-haut. Puis il redescendait et allait prendre son café à l'Hôtel Italia, pendant que les chiens attendaient dehors.» L'époque que rappelle Joseph Vuyet n'était plus celle des marronniers tels Antoine Paccolat, et pas encore celle de la modernité. Avant l'ouverture du tunnel, des voyageurs – parmi eux, des contrebandiers – continuaient d'emprunter le col en hiver, tandis qu'en été, les touristes affluaient bien plus nombreux qu'aujourd'hui pour apercevoir les chiens, célèbres depuis longtemps.

PAYSAN DE MONTAGNE

Paul avait été engagé à l'hospice en 1955, grâce à la présence d'esprit de son épouse, Germaine. Celle-ci tenait en été un kiosque à souvenirs au bord du lac quand elle apprit qu'il manquait à l'hospice un gardien pour les chiens. Elle alla trouver le chanoine Bernard Rausis. Pour s'occuper des chiens, il fallait quelqu'un de sûr, de préférence valdôtain. La famille Vuyet venant de Saint-Rhémy-en-Bosses, dernier village avant l'hospice, ça tombait bien. Et puis Paul, paysan, adorait les bêtes. Les Vuyet, comme la plupart des familles de ces régions montagneuses, étaient pauvres. Au cours des années les plus difficiles, lorsque Paul dut vendre ses deux vaches, car elles ne rapportaient rien, ce fut la mort dans l'âme. Sa chance était d'être chef d'alpage. Les morceaux de fromage – de la fontine – qu'il recevait en guise de paie complétaient le régime de pain, auquel parfois s'ajoutaient quelques pommes de terre. Joseph se souvient comment, étant enfant, il se nourrissait dans les prés: «On trouvait des grenouilles et des escargots qu'on mettait à cuire dans la braise.»

Etre engagé par le Grand-Saint-Bernard était une providence. En plus du plaisir d'être chaque jour avec les chiens, Paul recevait un salaire qui, même s'il ne pesait pas lourd, était un salaire. Il y avait de surcroît ce que gagnait le petit Joseph en vendant des edelweiss aux touristes durant l'été. Le garçonnet savait si bien faire qu'il rapportait à la maison plus d'argent que son papa. Grâce à l'hospice, l'existence pouvait devenir un peu moins âpre. Avec les chiens, Paul s'occupait de tout; il leur donnait à manger, les soignait, nettoyait le chenil. Lorsqu'une chienne allait mettre bas, il s'allongeait à côté dans la paille et l'aidait à délivrer ses chiots. L'élevage comptait toujours une vingtaine de chiens qui, encore à l'époque, restaient au col été comme hiver.

Paul était également chargé de faire la boucherie. En automne, quatre ou cinq vaches étaient montées en camionnette depuis Bosses ou Saint-Oyen. Il fallait les tuer, les dépecer, préparer les morceaux, confectionner les saucisses. Paul était aidé par un autre paysan, Cerise Innocent, de Condemine. Une fois la viande apprêtée, elle devait être conservée. Paul avait aménagé des caches en bois aux alentours de l'hospice. A cette saison, l'air était suffisamment froid, et l'hiver venu, sous la neige, la viande restait bonne jusqu'en mars, au grand étonnement des chanoines.

L'histoire des chiens du Saint-Bernard prit un tournant quand, après deux cent cinquante ans de présence continuelle à l'hospice, l'élevage fut transféré chaque hiver à Ecône, puis à la Maraîche, à Martigny. En chacun de ces lieux, la congrégation possédait une ferme où fut installé le chenil. Depuis cette époque, les chiens ne sont présents au col que pendant les mois d'été, afin de satisfaire à la demande des touristes. Paul a vécu ces changements. C'est d'ailleurs à Ecône qu'il fut affublé d'un surnom, puisqu'il y avait là un autre Paul, le frère Paul Mathys qui, lui, s'occupait d'un élevage de poules. Pour les distinguer

Paul Vuyet au chenil de l'hospice du Grand-Saint-Bernard, dans les années 1965-1966.

l'un de l'autre, on les appela Paul des poules et Paul des chiens. Le premier vit aujourd'hui avec ses confrères à la maison Saint-Bernard, à Martigny. Parmi les religieux, plusieurs éprouvaient pour les chiens le même attachement que Paul. Bernard Cretton, qui avait toujours sa soutane recouverte de poils, ne manquait pas une occasion d'accompagner Paul aux expositions canines. C'était l'époque où, lors des jours de liesse, des chanoines du Grand-Saint-Bernard défilaient avec leurs chiens dans les rues de Lausanne ou de Genève.

MODERNISER L'ÉLEVAGE

Paul est resté le responsable des chiens de l'hospice jusqu'à la fin de l'été 1978. Pour le remercier de ses services et lui témoigner son amitié, le chanoine Cretton, devenu prieur, a alors offert à la famille Vuyet un voyage à Rome. Le successeur de Paul, le Valdôtain Francesco Gérard, a collaboré avec le chanoine Louis Lamon, lui aussi passionné par ces chiens, et tous deux ont contribué à moderniser l'élevage. Le dernier employé de l'hospice à s'être occupé des chiens fut le Valaisan Bernard Léger. En 2005, la congrégation renonça à garder plus longtemps l'élevage et le confia aux soins de la Fondation Barry, créée à cette fin.

Dans l'imaginaire populaire, l'hospice et les chiens demeurent indissociables. Joseph en est convaincu. Jusqu'en 2012, il a lui aussi, comme sa maman, tenu un kiosque à souvenirs sur le col, avec toute la gamme des chiens en peluche et autres bibelots à l'effigie du saint-bernard. *P. R.*

La Fondation Barry et le nouveau rôle des saint-bernards

PARMI les milliers de touristes qui montent au col chaque été, une majorité est avant tout attirée par la renommée des saint-bernards. La raison de cet engouement est évidente. L'histoire en partie légendaire du chien *Barry,* qui aurait sauvé la vie à 40 personnes, a fait naître dans la conscience populaire l'image d'un animal idéal, dévoué à l'humain. Une image qui ne manque pas de vérité : les archives de l'hospice comptent plusieurs témoignages attestant de la capacité qu'ont ces chiens de repérer les victimes d'avalanche. C'est pour préserver ce lien historique entre le chien saint-bernard et l'hospice, en même temps que pour maintenir l'élevage originel de la race, que la Fondation Barry a vu le jour en 2005.

En été, lorsque le temps au col du Grand-Saint-Bernard est clément, les chiens sont installés dans un vaste chenil aménagé à l'extérieur. S'il fait trop froid, qu'il pleut ou qu'il neige, et pendant la nuit, un chenil intérieur les abrite. Le défilé des visiteurs est presque ininterrompu. Certains paient le prix pour faire une randonnée avec les chiens, généralement sur les pentes de la Chenalette ou à travers la Combe des Morts.

CARESSER UN ANIMAL MYTHIQUE
D'autres se contentent de caresser l'un des animaux, spécimen docile qu'une gardienne aura sorti de son enclos et fait monter sur une estrade. Des visiteurs du monde entier viennent avec l'intention d'acquérir un chien. La demande est telle qu'ils doivent réserver sur les futures portées. Dès octobre, les chiens sont descendus au chenil de la fondation, à Martigny, où ils restent jusqu'en juin. Les gardiennes, des professionnelles diplômées, veillent en permanence au bien-être des chiens et les entraînent à différentes activités.

Les chiens saint-bernards, du fait de leur taille, ne sont plus utilisés pour le sauvetage en montagne. La réputation de l'élevage nécessitait de leur trouver d'autres fonctions. La fondation Barry a notamment orienté ces chiens vers une activité sociale et d'assistance à la thérapie. Concrètement, cela signifie que quelques-uns de ces animaux ont été sélectionnés et éduqués pour apporter du réconfort à des personnes âgées ou handicapées. Une soixantaine de visites sont organisées chaque année dans des institutions spécialisées. Suivant un protocole précis, avec prévenance et douceur, les chiens sont amenés près des patients qui peuvent alors les caresser, leur prendre la patte. Entrer en relation avec un animal si fort, de surcroît mythique, peut insuffler à l'humain affaibli une sensation régénératrice. La Fondation Barry participe également au programme de prévention des accidents par morsures (PAM) que le canton du Valais organise pour les écoles. Il s'agit essentiellement d'apprendre aux enfants de 5 à 6 ans le comportement à adopter à l'égard des chiens pour éviter tout accident. *P. R.*

Plusieurs chiens de la fondation Barry sont utiles en établissements médicalisés. Corinne Evéquoz, gardienne d'animaux et la chienne *Azur* interviennent ici au foyer Valais de Cœur, à Sion.

En haut
Il n'est pas rare, au col, de voir les chiens saint-bernards s'ébattre dans les eaux du lac. L'élevage tenu par la Fondation Barry compte principalement des chiens à poil court. Pour le sauvetage en montagne, ceux-ci étaient préférés à leurs congénères à poil long, dont la fourrure se chargeait de neige.

Page de gauche
Une famille de vacanciers accompagne des chiens saint-bernards au cours de leur promenade quotidienne, guidée par une gardienne d'animaux de la Fondation Barry.

Le service de la montagne

Passants d'hier, passants d'aujourd'hui, une humanité sur le chemin du col.

Le bus postal parvient au col, avec son lot de passagers, dans les années 1930.

Après l'affluence des skieurs durant les mois d'hiver, c'est au tour des pèlerins et autres marcheurs de monter au col. Ils arrivent dès la fin du printemps, alors que le col est encore sous la neige.

Au début de l'ère chrétienne, les voyageurs franchissant le col du Mont-Joux empruntaient la voie romaine. Un tronçon reste visible près du Plan-de-Jupiter, sur le versant italien. Il aurait été creusé pendant le règne de l'empereur Claude (41-54 apr. J.-C.).

Monnaie à l'effigie de l'empereur Claude. Frappée à Rome, 45-50 apr. J.-C.
Laiton ou bronze, 12,40 g, 29,1 x 28,3 mm, 180°, avers.

Le chemin de l'histoire

LE COL du Grand-Saint-Bernard est emprunté depuis des millénaires. Les fouilles archéologiques en témoignent, qui ont mis au jour, dans les villes de Sion et d'Aoste, des tombes de style comparable ; la similitude très nette entre ces sites funéraires prouve que l'on passait d'un versant à l'autre du col entre 2500 et 2200 av. J.-C. Dès l'Antiquité, des auteurs mentionnent le franchissement du col, lequel, au temps des Celtes, était dédié à Pen, divinité des sommets. Tite-Live, à la fin du Iᵉʳ siècle av. J.-C., dit que, vers 600 av. J.-C., «les Boïens et les Lignons, traversant le Poenin et trouvant tout le pays occupé entre le Pô et les Alpes, passent le Pô en radeau et chassent les Etrusques…». César, dans *La guerre des Gaules*, mentionne qu'à l'issue de la bataille d'Octodure (Martigny), en automne 57 av. J.-C., sa légion XII doit se retirer ; si César se retire, c'est qu'il a échoué à conquérir ce col, qui lui aurait permis de relier la Gaule à Rome. Le Poenin restera donc aux mains des Celtes du Valais jusqu'en 15 av. J.-C. Dans sa *Géographie,* écrite au début de notre ère, Strabon mentionne que la route «qui passe par ce qu'on appelle le Poenin [est] impraticable aux attelages vers la crête des Alpes». Elle sera transformée en route carrossable sous l'empereur Claude vers les années 50, au moment de la construction du temple de Jupiter au sommet du col, que l'on appellera désormais le Mont-Joux, signifiant la montagne de Jupiter. Les monnaies, ex-voto et autres of-

En mai 1800, Bonaparte et les 40 000 hommes de son armée de réserve franchissent le col afin d'aller combattre les Autrichiens, lors de la deuxième campagne d'Italie. Gravure d'Epinal, 1831.

frandes retrouvés dix-huit siècles plus tard par les chanoines témoignent de la fréquentation des lieux à cette époque, ainsi que de l'intégration du culte celte de Penn, vénéré par les Romains sous le nom de Jupiter Pennin.

TRANSIT PAR LE MONT-JOUX

A la fin du IIIe siècle, saint Maurice et ses compagnons thébains passent probablement par le col pour rejoindre Agaune. Refusant de persécuter les chrétiens, ils seront mis à mort sur ordre de l'empereur Maximien. Vers les années 308 à 310, sous l'empereur Constantin, la route du col est en travaux, les bornes milliaires conservées près des églises de Martigny et de Bourg-Saint-Pierre en témoignent. En 381,

En juillet 1935, l'écrivain américain Richard Halliburton parvient au col juché sur un éléphant, persuadé de commémorer ainsi le périple que Hannibal aurait fait en 218 av. J.-C. Cependant, le général carthaginois en route vers Rome ne serait jamais passé par le col de Mont-Joux.

Avec la naissance du tourisme alpin au XIXe siècle est apparu l'équipement du parfait randonneur en montagne : l'alpenstock – bâton à pointe métallique – la gourde, les guêtres.

Page de droite
Des voyageurs qui font halte au bord du lac, avec l'hospice et les montagnes enneigées en arrière-plan, cela a constitué un thème de choix pour les peintres et dessinateurs au XIXe siècle. D'innombrables estampes ont ainsi contribué à construire dans l'imaginaire populaire cette vision un peu romantique du Grand-Saint-Bernard. Gravure de Himley, peinture de Leprince, 1826.

Des voyageurs viennent de franchir le seuil de l'hospice, où ils sont accueillis par les chanoines. Lithographie de Manega, 1830-1835.

Théodule, premier évêque du Valais résidant à Martigny, se rend au concile d'Aquilée, en Vénétie actuelle, par la route romaine. En 383, c'est l'évêque de Milan, saint Ambroise, qui franchit le Mont-Joux. Les écrits et itinéraires de voyages se multiplient durant le Haut Moyen Age, puis se font de plus en plus nombreux au fur et à mesure que se déroule l'histoire. Ils attestent du transit par le Mont-Joux. Saint Maur, moine du Mont-Cassin, y passe en 543 pour implanter en Gaule l'ordre de saint Benoît. En 574, les Lombards franchissent le col pour envahir le Valais. En 704, saint Bonnet, ancien évêque de Clermont-Ferrand, passe par Lyon, Saint-Maurice et le Mont-Joux pour faire son pèlerinage à Rome. En 753, le pape Etienne II franchit le col en hâte. Il a quitté Rome, assiégée par les Lombards, pour demander et obtenir l'aide militaire de Pépin le Bref, roi des Francs. Cette même année, l'abbé Austrulphe, du monastère de Saint-Vandrille, en Normandie, rentre de Rome. Après avoir franchi le Mont-Joux, il s'arrête à l'abbaye de Saint-Maurice. Pris de fièvre, il y meurt, le 14 septembre, puis il y est enseveli. En juillet 773, un corps d'armée de Charlemagne, mené par son oncle Bernard, traverse le Mont-Joux pour vaincre les Lombards.

LA RANÇON DE L'ABBÉ

En 812, des juges itinérants appelés les *missi dominici* font entrer dans l'histoire le monastère Saint-Pierre de Mont-Joux, à Bourg-Saint-Pierre, dont les marronniers – ancêtres des guides de montagne, dont le nom et la mission arrivent dans les textes vers l'an 900 – aident les voyageurs au passage du col. Les dangers du Mont-Joux sont alors bien connus, en raison de la présence de Sarrasins qui entravent le passage.

Les écrits et les itinéraires de voyage attestent du transit par le col

Ils prennent en otage, en 972, l'abbé de Cluny saint Maïeul, qui revenait de Rome. Détenu dans une grotte près d'Orsières, quelques kilomètres au nord du col, l'abbé sera libéré contre une rançon monumentale. En écrivant son itinéraire d'Angleterre à Rome, Sigéric, archevêque de Canterbury, inaugure en 992 un chemin de pèlerinage appelé la Via Francigena. Il y mentionne son étape à Bourg-Saint-Pierre, dont le clocher de style roman est alors en cours de reconstruction. Ses frises en forme de bandes verticales couronnées d'arceaux sont nées en Lombardie du temps de Charlemagne. Les mêmes frises se retrouvent sur les clochers de la cathédrale d'Aoste et de l'abbaye de Saint-Maurice, ainsi que partout en Europe, confirmant l'importance du col pour la diffusion de l'art.

VERS LA TERRE SAINTE

A l'occasion du couronnement impérial de Conrad le Salique, à Rome, en 1027, les souverains européens décident de sécuriser les chemins vers la ville sainte. Dès le milieu du XIe siècle, les villes tiennent des foires de plusieurs semaines, qui favorisent les rencontres et stimulent la vitalité du continent. C'est dans ce contexte que Bernard fonde l'hospice. A cette époque, la laine des moutons anglais est tissée en Flandre, puis en Italie du Nord. Non seulement le trafic transalpin se développe, mais également les chemins transversaux. Le pèlerinage en Terre sainte, pratiqué depuis le IVe siècle, prend un grand essor avec le millénaire de la naissance et de la mort du Christ. Il s'avère que depuis le milieu du XIe siècle des massacres de

Ouvert le 19 mars 1964, moins de soixante ans après l'inauguration de la route internationale, le tunnel du Grand-Saint-Bernard a confronté la communauté de l'hospice à la modernité, en captant la majeure partie du trafic annuel entre Valais et Val d'Aoste. Mais de nouveaux passants ont afflué, toujours demandeurs de l'hospitalité bernardine.

pèlerins sont à déplorer; l'empereur d'Orient demande des renforts pour lutter contre les Turcs. L'Occident s'engage alors pour sécuriser le pèlerinage au tombeau du Christ : ce sont les croisades, qui débutent en 1095. En Europe, le pèlerinage de Compostelle devient incontournable à partir du XIe siècle, ainsi chaque ville est-elle traversée par un chemin menant à la ville de saint Jacques le Majeur, ce qui sécurise le transit et favorise la mobilité. Pour revenir au Mont-Joux, deux passages du pape Etienne IX sont mentionnés, en 1049 et en 1050. Comme ce pape répand en Allemagne le culte de saint Nicolas, il est possible qu'il suggère à saint Bernard de placer l'hospice, alors en construction, sous le patronage du saint évêque de Myre. Le cardinal saint Pierre Damien, qui y passe en 1063, écrit qu'il a «gravi les pentes abruptes des Alpes couvertes de neige en plein été». Il faut attendre 1154 pour trouver la mention du «Biarnards spitala» (l'hospice de Bernard), dans l'itinéraire de l'abbé bénédictin islandais Nicolas de Munkathvera. Les chanoines de

Dès l'ouverture de la route au début du mois de juin, et jusqu'à la dernière semaine du mois de septembre, la compagnie TMR dessert le col plusieurs fois par jour depuis Martigny, via Orsières. L'un des chauffeurs, Olivier Perroz est ici accueilli par le prieur de l'hospice, José Mittaz.

l'hospice vont chaque jour au-devant des passants. A l'un des endroits critiques, ils entretiennent une corde sur la neige, pour sécuriser le passage en raison de la forte déclivité, mais cela ne suffit pas à rassurer les voyageurs. Le moine anglais John de Bremble écrit à son supérieur, en 1188, pour partager son effroi : « J'étais sur le Mont-Joux, […] lieu de tourments en vérité, où le pavé du sol n'est que glace, où l'on ne peut poser le pied avec sécurité, où, avec un sol tellement glissant qu'on ne peut se tenir. »

LES HOMMES DE SAINT-RHÉMY
Henri V passe le Mont-Joux en 1110 avec son armée pour aller à Rome, se faire couronner empereur et intimider le pape. Frédéric Barberousse fait de même à trois reprises entre 1154 et 1177, ses relations avec les papes successifs et avec l'Italie étant conflictuelles. Berthold IV de Zähringen y passe en 1158, une année après avoir fondé la ville de Fribourg. La première année sainte, proclamée par le pape Boniface VIII pour 1300, voit l'affluence augmenter au Mont-Joux. Au début du XIVe siècle, le service de transport des marchandises est bien organisé. Les habitants de Bourg-Saint-Pierre y exercent un quasi-monopole, qu'ils défendent vigoureusement en raison des taxes qu'ils perçoivent. Sur le versant valdôtain, les hommes de Saint-Rhémy sont exemptés de service militaire, car ils restent disponibles à l'année pour guider les passants et porter leurs bagages jusqu'à l'hospice.

A partir de 1347, la peste noire se répand en Europe, depuis la Méditerranée. Elle atteint la vallée du Grand-Saint-Bernard en mai et juin 1349. On estime qu'elle y tue entre un quart et un tiers des habitants. La baisse de population sur le continent entraîne une baisse du trafic, exception faite des années saintes. Pour le jubilé

de 1350, les comptes du châtelain d'Entremont nous renseignent sur plusieurs aspects du trafic. Trois florins sont payés pour le petit cheval d'une pèlerine morte au col du Mont-Joux ; puis c'est une grande quantité de seigle qui est livrée à l'hospice, au nom du comte de Savoie «comme contribution aux frais qui lui incombent à cause des pèlerins qui vont à Rome». Plus bas dans la vallée, à Sembrancher, la vente de vin triple cette même année, indiquant une recrudescence des passants. L'année suivante, des habitants de Bourg-Saint-Pierre et d'Orsières sont mis à l'amende, car ils avaient faussé les mesures pour commercer avec les pèlerins. A l'occasion de l'ouverture du concile de Constance (1414-1418), qui mettra fin au grand schisme d'Occident, l'empereur Sigismond Ier franchit le Mont-Joux escorté de mille cavaliers.

Par la bataille de la Planta, le 13 novembre 1475, l'hospice devient valaisan, comme la majorité du Bas-Valais. En 1476, la morgue est construite, à quelques pas de l'hospice, pour abriter les dépouilles des voyageurs morts en montagne. En 1501, à l'occasion des guerres d'Italie, une compagnie entière est prise dans une avalanche, non loin de l'hospice. L'écrivain François Rabelais passe en 1541. En 1596, saint François de Sales franchit le col. C'est grâce à lui que le Valais est resté catholique : il rend compte de la foi avec tant de finesse que les calvinistes le surnommaient «le voleur d'âmes».

L'ARRIVÉE DES CHIENS

En 1672, une armée bavaroise franchit le col, avec l'autorisation du Valais et de tous les Etats traversés, pour soutenir la Savoie dans la guerre qui l'oppose à Gênes. C'est à cette époque que les chiens saint-bernards arrivent à l'hospice ; ils aideront à marquer le chemin ainsi qu'à trouver les voyageurs perdus. Depuis la fin du Moyen Age, la Maison de Savoie fait pression sur l'hospice, tentant à plusieurs reprises de prendre le contrôle de la source d'eau potable, sur le col. Au XVIIIe siècle, elle séquestre les chevaux de ravitaillement de l'hospice, obligeant les chanoines à ouvrir un

Passage au lieu dit La Corde, côté valdôtain, vers 1910. Les hommes lourdement chargés ressemblent à des contrebandiers. Le commerce illicite de tabac, d'alcool, de lingerie, de médicaments et d'autres biens a perduré dans la région jusque dans les années 1960. Pour les chanoines, les contrebandiers étaient des passants comme les autres.

À droite
Plusieurs confrères ont donné leur vie en accompagnant des passants. Le chanoine Lucien Droz (1922-1951), guide de montagne, est décédé le 19 novembre 1951 dans une avalanche au col de Barasson, près de l'hospice, alors qu'il aidait des contrebandiers à passer la frontière.

nouveau «chemin des chevaux» qui évite ses terres. C'est l'origine du col des Chevaux, emprunté par les randonneurs d'aujourd'hui.

Le passage qui demeure le plus célèbre au Mont-Joux est celui de Bonaparte. A peine son coup d'Etat accompli, en 1799, le Premier consul propose aux monarchies européennes de signer la paix. Ces dernières refusent, par crainte d'encourager leurs sujets à faire la révolution. Elles s'allient pour couper la France de ses axes commerciaux, afin d'y rétablir la royauté. Napoléon estime que le point faible de ce plan est la région milanaise, qu'il veut à tout prix conquérir. C'est la deuxième campagne d'Italie, qui voit Napoléon et ses 40000 soldats passer le col du Grand-Saint-Bernard en mai 1800. A l'époque des Lumières, ce sont les savants qui passent à l'hospice et entrent en contact avec les chanoines. Horace-Bénédict de Saussure offre au chanoine Murith son livre *Défense de l'hygromètre à cheveu* (1788) et lui dédicace son *Voyage dans les Alpes* (1799). Le comte de Lacépède à son retour à Paris, en août 1813, remercie les chanoines de leur hospitalité en leur offrant son *Histoire naturelle des poissons* (1798-1803). Charles Delaunay dédicace sa *Théorie du mouvement de la lune,* en deux volumes d'équations (1860, 1867). Les princes font également des largesses ; en 1864, Napoléon III, qui avait visité l'hospice incognito, offre vingt-cinq ouvrages. Frédéric Guillaume de Prusse (alias Frédéric III) et son épouse Victoria dédicacent une édition de luxe de *L'imitation de Jésus-Christ* et offrent leurs portraits, en octobre 1883. En 1889, la reine Marguerite d'Italie offre à l'hospice un calice à ses armes, à la suite de sa visite l'année précédente.

LE REGISTRE DES PASSANTS

Sur les registres des passants, qui débutent en 1812, les signatures des diplomates, marchands et pèlerins côtoient celles des premiers touristes anglais en visite sur le continent, accompagnés de leurs épouses ou de leurs filles. A titre de comparaison, le premier hôtel de luxe de Chamonix est construit en 1818 et la

Les annales récentes du Grand-Saint-Bernard font valoir quelques passants remarquables, dont l'abbé Pierre, photographié ici en compagnie des chanoines Alphonse Berthouzoz et Yvon Kull, lors d'une visite à l'hospice le 5 septembre 2000. Autre visiteur de marque, le pape Benoît XVI. Le souverain pontife fut accueilli à l'hospice le 18 juillet 2006 par Benoît Vouilloz, alors prévôt (à gauche), et Jean-Marie Lovey, prieur. Ils ont célébré ensemble l'office des vêpres à l'église. Le pape a ensuite salué la communauté, les employés, les hôtes de passage ce jour-là, puis fait une brève visite au chenil.

Page de droite
Les passants d'aujourd'hui comptent de nombreux randonneurs, qui profitent de l'été pour explorer les environs du col, ici les pentes de la Chenalette. Les chemins sont balisés en blanc-rouge-blanc, ce qui indique qu'ils requièrent une bonne expérience de la marche en montagne.

célèbre compagnie des guides fondée en 1821. Le télégraphe arrive en 1885, bientôt suivi du téléphone. Ces inventions marquent l'arrivée de la modernité. Elles révolutionnent la vie à l'hospice : si des passants sont en route, les chanoines sont prévenus, si au contraire personne ne monte, les chanoines n'ont pas à risquer leur vie en allant au-devant d'éventuels voyageurs. Le téléphone remplacera bientôt les chiens. Dans le registre des passants, un témoignage émouvant, signé du Valdôtain Pierre Vaudan : « 16 juillet 1956. Je suis heureux d'avoir accompli en ce jour un pèlerinage au Grand-Saint-Bernard pour remercier encore une fois les chanoines et bons chiens de m'avoir sauvé d'une mort certaine. A peine âgé de 12 ans, en février 1897, je revenais de la Lorraine, où j'avais été engagé comme ramoneur. Parti la veille de Neufchâteau, j'ai voyagé toute la nuit en train. De Martigny à Orsières, nous avons continué en char et, de là, à pied. Vers la cantine à Bordou, mon patron m'abandonna ; il neigeait. A la Combe-des-Morts, fatigué, je glissai dans un trou et m'endormis dans la neige. Ce fut *Barry* qui me tira de là et me réveilla en me léchant. Peu après arriva le chanoine Fabien Melly qui me porta à l'hospice. J'étais sauvé. Merci encore au brave chien »

UNE NOUVELLE MANIÈRE D'ÊTRE

L'ère du tourisme précède celle de l'automobile, qui transite dès l'inauguration de la route carrossable, le 14 juillet 1905. L'année suivante voit l'inauguration du tunnel ferroviaire du Simplon. Dès lors, la fréquentation chute en hiver, cependant les gens continuent de passer. Du-

Monter au col et à sa maison millénaire est devenu un but en soi

rant la Première Guerre mondiale, des garnisons stationnent à l'hospice pour protéger la paix à l'intérieur des frontières suisses. Après la guerre, l'hospice devient un but d'excursion en car aussi prisé que Zermatt ou Lucerne. Seule l'entreprise Montreux Excursions facture à ses clients le repas offert par les chanoines. Aussi l'hospitalité gratuite a-t-elle pris fin en 1939, en raison de tels abus. En été 1920, un agent de la circulation régule au col le flot de voitures et de cars. L'été 1923 est chargé. En août, le pape Pie XI proclame saint Bernard patron des alpinistes, des voyageurs et des habitants des Alpes. Cette nomination attire les foules : il faut tuer 28 vaches en un mois pour nourrir les voyageurs, jusqu'à 600 en une journée.

Les chanoines, à l'instigation de leur confrère Gratien Volluz, inaugurent en 1960 une nouvelle manière d'être, en organisant des pèlerinages alpins, afin de permettre aux gens, pris dans les exigences de leur quotidien, de trouver et d'approfondir le sens de leur vie, dans le silence de la montagne, la beauté, le dépassement de soi et la prière. En 1964, avec l'ouverture du tunnel du Grand-Saint-Bernard, qui assure à l'année le trafic routier, la congrégation craint de voir l'hospice perdre sa raison d'être comme étape sur la route ; mais la maison mère devient un but en soi, un lieu de rencontres et de fraternité autour du bol de thé offert à chaque passant en hiver. L'hospice est visité par une étonnante diversité de personnes. Cette maison millénaire et mythique invite à la confiance en l'humanité, c'est peut-être pour cela qu'elle attire nos contemporains. *J.-P. V.*

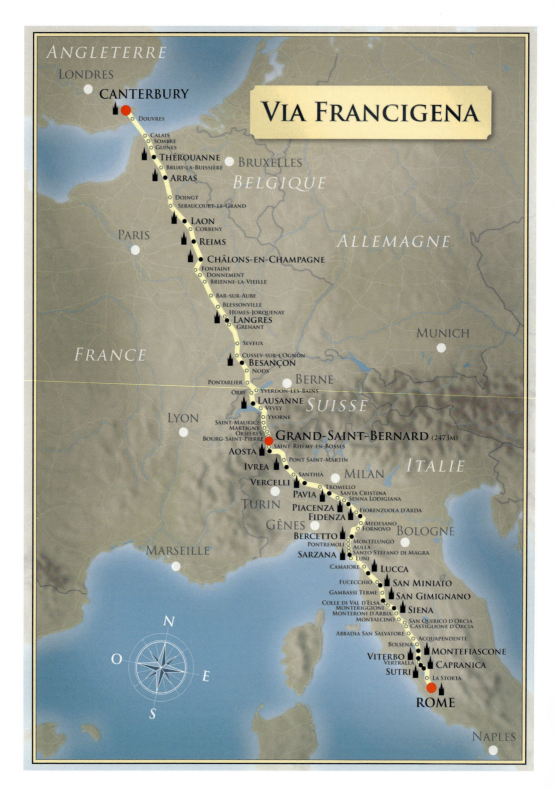

Via Francigena
Rencontre avec des pèlerins

LE COL du Grand-Saint-Bernard est le point culminant de la Via Francigena, ce chemin reliant Canterbury à Rome, qu'empruntent chaque année des pèlerins de plus en plus nombreux. De passage à l'hospice, ces voyageurs non pressés témoignent volontiers de leur expérience. A chacun son voyage, mais, quels que soient leur origine et leur âge, ces pèlerins parlent d'une transformation intérieure. Ils confirment que la marche vers Rome, jour après jour, imprime en eux un vide qui les rend plus disponibles à l'égard des êtres et des choses rencontrés en chemin.

Marjolyn de Bruyn et Kees-Willem Venema (Hollande).

L'origine historique de la Via Francigena

En l'an 990, Sigéric est nommé archevêque de Canterbury par le pape Jean XV. Il se rend à Rome afin d'y recevoir le pallium, l'étoffe en laine blanche que portent les archevêques métropolitains pendant le service de la messe.
La relation de voyage que l'archevêque fait établir pendant ou après son voyage de retour énumère 79 étapes qui définissent le tracé de l'actuelle Via Francigena.
Après l'étape N° 48, Saint-Rhémy-en-Bosses, l'étape N° 49 correspond à Bourg-Saint-Pierre. Aussi n'y a-t-il aucun doute sur le passage de Sigéric et de ses compagnons par le col du Mont-Joux, soixante ans avant que saint Bernard y fonde l'hospice.

KEES-WILLEM: « Nous avons deux mois pour marcher jusqu'à Rome. Pour moi, il s'agit de faire une pause dans ma vie de tous les jours et de me donner l'occasion de vivre autre chose. Je suis très ému d'être ici, dans cet hospice, avec les gens qui y travaillent. »
MARJOLYN: « Nous avons marché jusqu'à Santiago il y a cinq ans. Nous aimons la simplicité de cette vie, et pour nous il y a une dimension spirituelle. Etre dans mon corps et accomplir un effort physique, cela me vide la tête. C'est alors plus facile d'ouvrir mon cœur et de ressentir beaucoup de joie. Lorsque nous sommes arrivés ici, hier, j'ai réalisé que c'était en même temps le sommet de la montagne et le sommet de mon voyage. »

NIELS : « La vraie raison pour faire ce pèlerinage, c'est que dans ma vie, c'est toujours la même chose. Chaque année, je fais les mêmes vacances, je vais au même festival de musique. C'était le cirque et maintenant, je suis à l'extérieur du cirque, je me sens libre, je me régénère, un peu comme le phénix qui renaît de ses cendres. (...) Je suis en route, et après quelques semaines, je suis vide, ma tête est vide et je commence à vivre de nouvelles expériences, à faire connaissance avec d'autres personnes. J'avais toujours en tête d'aller à l'hospice, le point le plus haut entre les Pays-Bas et Rome. Quand je suis arrivé ici, dans la neige, où ça monte et ça descend, dans un paysage tellement différent du pays que j'habite, où c'est seulement la mer et un peu la terre, j'ai crié de joie, j'ai senti l'énergie, c'est un espace spécial, merveilleux. »

Niels Tromp (Hollande).

Patrick et Sylvie Rippling (France).

PATRICK : « Nous sommes partis le 14 juillet de Belfort et nous avons pris la Via Francigena à partir de Pontarlier. Nous pensons rejoindre Rome vers le 15 septembre. J'avais l'idée de faire dès ma retraite quelque chose qui sorte de l'ordinaire. Au début, notre but était plutôt sportif, mais au fur et à mesure de notre avancée, nous nous sentons pèlerins.
L'hospice du Grand-Saint-Bernard, c'est un rêve d'enfant. Je voulais voir cet élevage de chiens et cet hospice. Alors, quand nous sommes arrivés aujourd'hui au col, ma femme et moi, c'était vraiment un plaisir fou, que nous partageons. »

MARIE-ROSE : « Bien sûr que pour moi le but est spirituel, il est humain, il est philosophique. Il y a un sens spirituel qui nous pousse, qui nous guide, qui nous anime, mais qui nous permet aussi de puiser les ressources nécessaires pour être dans la vie plus attentif à l'autre, parce que nous-mêmes, sur ces chemins, on bénéficie d'un accueil extraordinaire.
(…) La marche est effectivement constitutive de l'humain, mais elle relève de la démarche, où la pensée est engagée à suivre les pas et à tricoter du sens, avec l'histoire, avec les gens, avec la nature. Elle incite à une certaine humilité par rapport à la nature. Quand on est dans les Alpes, c'est ce sentiment-là que l'on ressent en premier. Ce sentiment d'humilité et de respect, c'est vrai que l'on peut l'avoir vis-à-vis de l'autre, quel qu'il soit. »

Marie-Rose Zavagni (France).

Christina Menghini (Italie) et Laure de Courcelle (France).

LAURE : « Un but personnel, c'est de me retrouver, moi, en marchant lentement. Au bout d'un certain temps, on commence à s'éloigner de son propre corps, et du coup on est dans les pensées, dans la sensation et dans l'émotion. Quand on voit des paysages comme ça, on pense à la spiritualité. Mais mon but n'est pas religieux. Bien sûr, je sais que je vais à Rome, bien sûr je sais que je passe à travers des localités où il y a toujours une église. Mais je suis dans la rencontre de moi-même et des autres. (…) L'arrivée au Grand-Saint-Bernard, c'est une étape que j'attendais. J'avais peur de ne pas y arriver, tellement c'est immense comme montagne. En arrivant, c'était comme un aboutissement, même si je savais que je devais continuer. » *Propos recueillis par Andrea Alborno*

... an ...
des Hayligen Römischen vnd Con-
cilostens, vnnd Spittals ch... das-
selb, gelangt, Zaigern vnnsere ..
maß daselbs, Inenn sinem wollen
gewart, vnd treulich haben, den
seigen wolhalten ... wegen, ...
vnnd andern allda fürwanderet ...
täglich aufsorgend vnd beweisend
vnnd bewilligt haben. Das ...
vnnsers Spittals ... Ein Jar Lang
allmusen suchen ... Lauten,
... und wie ...en mögt, ...
allen vnd Jedem obernent ...
... gestattend, dar ... in be-
... inners Ins gehaus durch
... Lassung für das ob
..., günstigkeit zugestattet ...
... die ich zu ...
... stat ... Jnsigell ...
vnnd geben ...
1574

Les archives de l'hospice.
Des documents témoignant de siècles d'histoire et de charité.

Dessin de saint Pierre de Tarentaise, également nommé Pierre le Vénérable (1102-1174), archevêque de Tarentaise de 1142 à sa mort en 1174.

Lettre gracieuse sur papier, 1574. La ville de Berne autorise un chanoine à quêter.

Archives et parchemins | 123

Vexilla regis, de la main de Guillaume Dufay, XVe siècle.
(Fragment 8).

Ci-dessous
Sceau en majesté d'Edouard Ier d'Angleterre, 18 juillet 1290.
(AGSB 4735).

Le dit des parchemins

«IL Y A trois colonnes, particulièrement nécessaires, que le Seigneur a établies en ce monde pour le soutien de ses pauvres, à savoir l'hospice de Jérusalem, l'hospice de Mont-Joux, et l'hospice de Sainte-Christine-du-Somport. Ces hospices sont situés dans des points de véritable nécessité, il s'agit de lieux saints, temples de Dieu, lieux de réconfort pour les saints pèlerins, repos pour ceux qui sont dans le besoin, soulagement pour les malades, salut pour les morts et aide pour les vivants.

Par conséquent, quel que soit celui qui a élevé ces lieux sacro-saints, sans aucun doute, il sera en possession du royaume de Dieu.» Cet extrait du guide du pèlerin de Compostelle (*Liber Calixtinus,* livre 5, chapitre 4), rédigé vers 1135, mentionne l'hospice du Mont-Joux huitante-cinq ans après sa fondation, en termes élogieux. La réputation de l'hospice se retrouve dans les centaines de parchemins des archives, qui disent son histoire. Ce qui surprend, c'est la vague internationale de sympathie que suscite l'hospice, et qui se traduit par de nombreuses donations réparties en Europe. La vie de l'Eglise est également lisible dans l'abondance des documents épiscopaux et pontificaux qui régulent les relations entre les chanoines et le monde, ainsi que celles, plus subtiles, qui régissent la vie dans l'Eglise, entre les diocèses et les chanoines, ou plus simplement à l'intérieur de la communauté. Enfin, les parchemins éclairent le fonctionnement économique de la congrégation depuis le XIIe siècle.

UN RÉSEAU DE MAISONS

Les voyageurs, secourus par les religieux, manifestent leur reconnaissance. Ainsi de la comtesse de Loritello, qui offre à la congrégation,

A chaque document son regeste

Rédiger des regestes consiste à décrire des documents d'archives – ici des parchemins – de manière concise pour en donner les informations essentielles. Outre la cote du document, permettant de le retrouver, le regeste mentionne la date, le lieu et une brève description de son contenu. Suivent des données techniques comprenant le support d'écriture, principalement du parchemin (de la peau d'herbivores) ou du papier, le format, le nombre de pages et la langue de rédaction de l'acte. En fin de description, des informations annexes peuvent s'ajouter, concernant par exemple l'authentification du document, à savoir si c'est un brouillon, un original, une copie, une copie conforme, voire un document ayant servi de preuve lors d'un procès. Ici, la particularité du contrat présenté se remarque sur sa marge de gauche. S'y lit la moitié inférieure des lettres ABCDEF, témoignant de l'existence d'un contrat identique, comprenant sur sa marge de droite la moitié supérieure des mêmes lettres. Cette manière d'authentifier s'appelle un chirographe.

1199, sans lieu. Contrat chirographe entre les chanoines du Saint-Bernard et l'évêque de Sion concernant les paroisses canoniales.
Parchemin, 24,3 x 19,3 cm, latin. Sceaux endommagés de l'évêque et du chapitre de Sion appendus sur cordelettes de lin (AGSB 3020).

en 1149, l'église Sainte-Marie de Castiglione, dans les Pouilles, en Italie du Sud. Pour la première fois dans l'histoire, un parchemin mentionne «l'église de saint Bernard». C'est la première étape du changement de dénomination qui fera du Mont-Joux le col du Grand-Saint-Bernard. A l'autre extrémité de l'Europe, les rois d'Angleterre sont également des bienfaiteurs de l'hospice. Edouard Ier confirme, en 1290, un contrat passé par sa mère avec un chanoine au sujet du prieuré londonien de Hornchurch, alors dépendant du Grand-Saint-Bernard. Du sud au nord de l'Europe, l'hospice met en place un réseau de maisons d'accueil. En 1137, le comte Amédée III de Savoie donne Château-Verdun, à Saint-Oyen (Val d'Aoste) «pour le soulagement des pauvres». Cette maison fortifiée servira d'étape pour les voyageurs et de grenier, collectant au sud des Alpes la nourriture pour l'hospice. En 1156, c'est la donation de la Maison-Dieu, de Troyes, offerte par l'évêque et le comte du lieu, qui complétera la donation en offrant aux chanoines son serf Ingon Cornessel et sa descendance, qui devront désormais travailler au service de l'hospitalité. Charles, évêque de Turin, donne en 1158, l'église Saint-Martin à Ciriè. Boson, vicomte d'Aoste, donne, en 1165, des champs, vignes, droits féodaux et un alpage pour fonder un hospice à Châtillon. Guy, comte du Canaveys, avec ses fils, offre, en 1170, l'église du Saint-Sauveur, à Borgomasino, dans le diocèse d'Ivrée, «avec toutes ses terres cultivables et incultes».

LE SOUTIEN DES PAPES

Sous l'ancien régime, l'Europe est habituellement en guerre, car les petits seigneurs cherchent à augmenter leur pouvoir. Ce sont des guerres régionales, comme la guerre franco-savoyarde (1590-1600), qui se termine par

Supplique approuvée de Paul V, 28 juin 1606. (AGSB 897).

l'annexion du Pays de Gex et de la Bresse par la France. Lorsque le Valais s'allie à un des belligérants, les chanoines sont considérés comme des ennemis de l'autre camp. Leurs biens, hommes et terres sont donc en danger. Ce genre de situation force le pape à intervenir, au titre d'autorité morale universelle. Il confirme les propriétés de l'hospice et menace d'excommunication les expropriations pour que la bienfaisance puisse subsister.

Rappelons-nous que, jusqu'au XXe siècle, l'Eglise s'occupe de la charité et de la santé publiques ainsi que du logement des voyageurs démunis. Elle doit donc protéger les personnes et les biens affectés au soulagement des misères. Les privilèges et les lettres gracieuses sont des actes de bienveillance du pape. Lorsqu'une autorité agit à l'encontre de ces documents, elle encourt une juste punition, envoyée par lettre exécutoire, voire par lettre clause si c'est l'excommunication. Presque tous les papes font de même jusqu'à la diffusion du cadastre au XIXe siècle, censé sécuriser les biens fonciers. Le pape confirme également dans sa fonction chaque prévôt.

Signalons la «supplique» des archives. Il s'agit du brouillon envoyé à la chancellerie pontificale pour confirmer Roland Viot comme futur prévôt. La réponse revient sur le même document. Ce qui est refusé est tracé, le reste est approuvé avec la mention *«fiat ut petit»*, accordé comme demandé, avec, en guise de signature, la majuscule du prénom de baptême du pape, ici «C», pour Camille Borghese, alias le pape Paul V, constructeur de la façade de la basilique Saint-Pierre de Rome.

Quelques documents nous renvoient à la vie de prière, comme ce fragment du «Vexilla regis», l'hymne du dimanche des Rameaux, dans une harmonisation polyphonique de la main de Guillaume Dufay (†1474), un des premiers compositeurs de la renaissance. Musicien ap-

Sceau héraldique d'Amédée V de Savoie, 13 août 1288. (AGSB 214).

Reconnaître les sceaux

La sigillographie, ou sphragistique, recense et étudie les sceaux, qui servent à authentifier les actes administratifs. Les plus habituels sont en cire jaune, brune, verte ou rouge. Les sceaux métalliques sont assez rares, exception faite des sceaux de plomb des documents pontificaux. Les sceaux peuvent être plaqués à même un acte ou y être appendus. Dans ce cas, la matière et la couleur des attaches donnent des indications concernant son contenu. Les fils ou « lacs » de soie indiquent un document solennel et une grâce obtenue, tandis que la ficelle de chanvre évoque habituellement la réprimande. Les actes moins importants sont appendus à des lanières ou « queues » de parchemin. La forme du sceau, son iconographie et sa légende précisent la fonction et la juridiction de leur propriétaire.

Des centaines de parchemins disent la réputation de l'hospice du nord au sud de l'Europe

précié, il a été, entre autres, le compositeur officiel de la Maison de Savoie dont est issu le prévôt François de Savoie (1459-1490).

ABONDANCE ET DÉPOUILLEMENT
Le fonctionnement économique du Grand-Saint-Bernard consiste en une collection d'exploitations agricoles dont les revenus cumulés servent à héberger et nourrir gratuitement les passants des hospices répartis en Europe. Ce système, mis en place dès l'origine, arrive à son point culminant au milieu du XIIIe siècle, puis décline au gré des dépouillements. A ce sujet, mentionnons la Maison de Savoie, qui a été le plus grand donateur, mais également le plus grand malfaiteur de l'hospice. En compensation de la démission pacifique de l'antipape Félix V, aussi connu sous le nom d'Amédée VIII de Savoie, le pape Nicolas V lui accorde, en 1451, ainsi qu'à ses successeurs, le droit de nommer des ecclésiastiques, dont le prévôt du Saint-Bernard. Les chanoines luttent contre cette ingérence. Ils obtiennent la liberté d'élection du prévôt en 1752 au prix de leurs biens du sud des Alpes.

Durant la Première Guerre mondiale (1914-1918), les frontières se ferment. Comme tous les pays sont impliqués, il n'est plus possible, comme autrefois, de faire transiter la nourriture par un pays neutre, puis de l'amener à l'hospice. Pour la première fois de son histoire, l'hospice souffre de la faim. Dès la réouverture des frontières, à la fin de la guerre, une partie des propriétés sont vendues. Le capital est placé en banque. Les intérêts permettent d'acheter chaque année une grande partie de la nourriture nécessaire à l'hospitalité. Tout est englouti dans la crise de 1929. Dix ans plus tard, juste avant la Seconde Guerre mondiale, un bilan économique révèle une faillite imminente. L'unique possibilité de survivre a été d'instaurer l'hospitalité payante, en 1939, système toujours en vigueur. *J.-P. V.*

Entre 1152 et 1181, Henri, comte palatin de Troyes, donne à l'hospice la moitié du péage des toiles qui se vendent à Provins, ainsi que son serf Ingon Cornessel avec sa descendance.
Parchemin, 18,7 x 10 cm, latin.
Sceau équestre, appendu sur lacs rouges et jaunes (AGSB 4696).

30 mars, entre 1169 et 1191, Milan. Henri, roi des Romains, donne annuellement 20 marcs d'argent à l'hospice.
Parchemin, 13,5 x 8,2 cm, latin.
Sceau en majesté, appendu sur lacs jaunes (AGSB 195).

Marc d'argent d'Henri VI le Cruel, frappé à Milan, 1191-1197.
0,91 g, 17,5 x 16,6 mm, 360°, avers.

L'empereur qui protège l'hospice et emprisonne Richard Cœur de Lion

«Henri, par la grâce de Dieu roi des Romains et toujours auguste, à son bien-aimé prévôt de Saint-Bernard…» Par ce document, l'empereur Henri VI le Cruel prend l'hospice sous sa protection et promet de lui verser à chaque Noël vingt marcs d'argent, dont un est conservé aux archives.

Au centre de ce marc, le monogramme impérial en forme de croix. En haut le H, en bas le N, au centre les lettres RIC, formant son nom, HENRICUS. Auparavant, en Champagne, le comte Henri Ier le Libéral avait déjà scellé des parchemins en faveur de l'hospice. Ces deux bienfaiteurs sont en réalité ennemis l'un de l'autre. L'empereur emprisonnera, puis libérera en 1194 Richard Cœur de Lion, roi d'Angleterre et beau-frère du comte Henri, contre une rançon de 100 000 marcs d'argent.

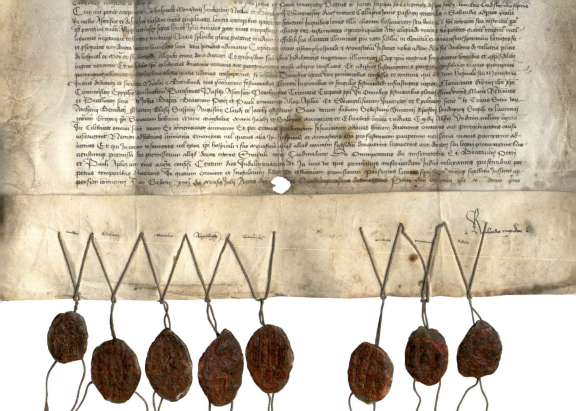

Les quêteurs du Grand-Saint-Bernard en terre protestante

A Genève, huit cardinaux rédigent et scellent ce parchemin accordant des indulgences à l'hospice du Petit-Saint-Bernard. Ils font étape dans la cité, en rentrant chez eux après avoir pris part au 16e concile œcuménique. A Constance, ils ont contribué à mettre fin au grand schisme d'occident en déposant trois papes pour en élire un seul, Martin V. Ils demandent que leur document soit suspendu à la porte de l'hospice les jours indiqués, afin que les fidèles puissent profiter de leurs largesses. Le haut du parchemin conserve les ficelles de suspension, tandis que les sceaux sont en partie fondus, souvenirs des jours ensoleillés. Le second document, daté de 1574, est en avance sur son temps. A une période de violences confessionnelles, l'hospice continue d'accueillir les passants sans se préoccuper de leurs convictions religieuses. Berne s'en émeut, soutient l'hospice en autorisant les chanoines à quêter sur son territoire, sans interruption jusqu'au milieu du XIXe siècle. Bel exemple d'œcuménisme et de respect réciproque.

14 juillet 1418, Genève.
Huit cardinaux accordent une indulgence de cent jours aux fidèles qui visitent l'église du Petit-Saint-Bernard à certaines dates.
Parchemin, 66,9 x 51,5 cm, latin. Huit sceaux à navette, appendus à des ficelles de chanvre (AGSB 4557).

6 mai 1574, Berne.
Permission de quêter en ville de Berne durant une année, accordée au chanoine Pierre Yblet.
Papier, 2 folios 22,5 x 33 cm, allemand. Sceau de Berne plaqué sur papier (AGSB 2263).

Décisions du chapitre de la congrégation et ordres royaux témoignent de relations complexes

9 juillet 1459, Paris. Charles VII ordonne la vente du mobilier de feu le chanoine Pilet, pour solder ses dettes.
Parchemin, 34,5 x 17,2 cm, français. Sceau royal héraldique, à trois fleurs de lys, appendu sur simple queue de parchemin (AGSB 4711).

Entre 1168 et 1172, sans lieu. Concordat entre les maisons de Saint-Ours et du Mont-Joux concernant leurs bienfaiteurs.
Parchemin, 24 x 17,5 cm, latin. Sceau du chapitre de l'hospice, présentant saint Nicolas, appendu sur double queue (AGSB 193).

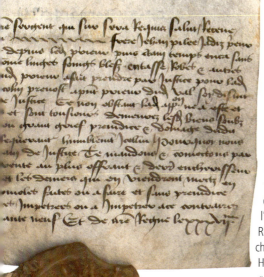

1459, le roi de France fait solder les dettes d'un chanoine

La bienveillance et la bonne entente entre personnes partageant la même foi sont à cultiver sans cesse. En raison de la nécessité et de la vitalité de l'hospice, les passants le comblent d'aumônes et oublient la collégiale de Saint-Ours, à Aoste, qui pour cette raison peine à équilibrer ses comptes. A la suite d'une procédure, Uldric, prévôt de Mont-Joux, et Gontier, prieur de Saint-Ours, décident d'informer leurs bienfaiteurs, pour qu'ils n'oublient pas de faire bénéficier l'autre maison de leurs libéralités. Ce contrat, approuvé par le chapitre de l'hospice qui y a mis son sceau, remonte à la fin du XIIe siècle. Une seconde problématique surgit dans le document aux armes de France. Il s'agit des relations entre l'Eglise et l'Etat, représenté ici par Charles VII, roi sacré à Reims en 1429, grâce à sainte Jeanne d'Arc. Lors du décès du chanoine Jean Pilet, curé de Val-Suzon, le marchand lyonnais Huguenin Miletot saisit la justice royale, car le défunt lui devait « 4 francs et 7 gros » (1 franc = 16 gros). Le roi ordonne que les meubles du défunt, séquestrés dès la plainte du marchand, soient vendus aux enchères pour solder les dettes du chanoine, le surplus allant à la congrégation. Le roi ordonne également que son jugement soit exécuté malgré le recours déjà effectué auprès de la justice ecclésiastique. Comme deux juridictions entrent en conflit, celle de l'Etat et celle de l'Eglise, le roi tranche en faveur de la coutume, qui veut que le tribunal compétent soit le premier auquel une affaire est soumise.

Archives et parchemins

23 mai 1436, Bâle. Lettre gracieuse du Concile de Bâle confirmant les droits immémoriaux du Saint-Bernard.
Parchemin, 42,5 x 33 cm, latin. Sceau de plomb du concile, appendu à une cordelette de chanvre (AGSB 248).

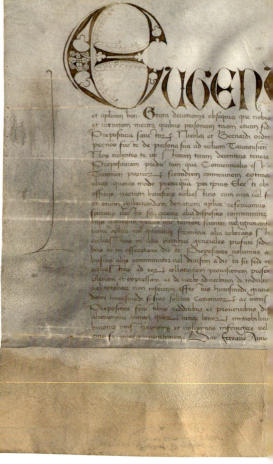

1436, Bâle confirme les privilèges des chanoines
1437, un nouveau prévôt nommé par le pape

En 1436, le concile de Bâle, 17e concile œcuménique, confirme les anciens privilèges des religieux de l'hospice. Lorsque le pape Eugène IV déplace le concile à Ferrare, puis à Florence, pour y signer l'union avec l'Eglise orthodoxe de Constantinople, le 6 juillet 1439, une partie des pères conciliaires s'y opposent. Ils restent à Bâle, déposent le pape, élisent à sa place le comte Amédée VIII de Savoie, l'antipape Félix V.

Sur sa monnaie d'argent, Eugène IV présente ses fonctions. Il bénit de sa main droite, tandis que sa gauche tient la croix, pour guider l'Eglise vers l'unité et la paix. Par le second document, daté de 1437, le pape Eugène IV nomme le nouveau prévôt du Saint-Bernard, Jean de Grolée. En 1449, ce prévôt fait partie de la délégation envoyée par Félix V à Rome, pour faire allégeance au pape légitime et rétablir la paix dans l'Eglise.

28 février 1437, Ferrare.
Lettre gracieuse d'Eugène IV, nommant Jean de Grolée prévôt du Saint-Bernard.
Parchemin, 54 x 38 cm, latin.
Sceau de plomb appendu sur lacs de soie jaune et rouge (AGSB 882).

Carlin du pape Eugène IV, frappé à Avignon, 1431-1437.
Argent. 1,85 g, 22,6 x 20,2 mm, 340°, avers.

Du 23 avril au 11 mai 1736,
Saint-Bernard, Sion et Lucerne.
Envoi en quêtes du frère Jean Jacki
en Suisse et en Allemagne.
Parchemin, 70,5 x 57 cm, allemand.
4 sceaux plaqués (AGSB 2349).

26 avril 1732, Colmar.
Autorisation au frère Jacki de quêter en Alsace.

Cahier de 6 folios de parchemin, 20 x 27,6 cm, français et allemand. Sceau de Louis XV, dans une boîte métallique, appendu sur lacs de soie blanc et bleu (AGSB 2328).

Des autorisations scellées au nom du pape et du roi

Jusqu'à leur abolition en 1848, les quêtes permettaient à l'hospice de recevoir gratuitement ses hôtes. Pour cela, les quêteurs voyageaient avec un reliquaire de saint Bernard et une lettre patente ou lettre de mission, rédigée dans la langue des personnes sollicitées. Ce mandat est signé et scellé par le prévôt et le chapitre des chanoines, puis contresigné par l'évêque de Sion, diocèse sur lequel est bâti l'hospice, et par le nonce apostolique qui confirme au nom du pape l'authenticité de l'acte. Ici, pour 1736, l'envoi en quête dans la Confédération suisse et en Allemagne. Arrivant dans un Etat, le quêteur, muni de ses recommandations, visite les autorités qui lui donnent ou lui refusent l'autorisation demandée. Dans le second document, daté du 26 avril 1732, le souverain Conseil d'Alsace, au nom du roi Louis XV dont le sceau est apposé au document, autorise le quêteur Jean Jacki « de quester dans l'étendue de cette province, pour l'entretien et subsistance des passants sur ledit Mont St. Bernard ».

Statue reliquaire de saint Bernard emportée pour les quêtes en Bourgogne.
Argent, 1706. Hauteur : 27,5 cm.

Privilège pontifical

Le pape Alexandre III, par ce privilège de 1177, confirme 78 propriétés de l'hospice dispersées le long des principaux axes de communication reliant Londres au sud de l'Italie. Si quelqu'un s'approprie l'un de ces biens, il encourt l'excommunication. La plupart des localités mentionnées entrent dans l'histoire par ce document, qui les nomme pour la première fois. Chaque propriété comprend une entité rentable. Une église, une ferme, un prieuré ou une maison comprenant le logement et la sustentation des personnes que le prévôt du Grand-Saint-Bernard y nomme. Le surplus du revenu de chaque bien entre dans la comptabilité de l'hospice, qui peut ainsi, avec le revenu des quêtes, accueillir gratuitement ses hôtes, jusqu'en 1939. Les révolutions, puis la guerre de 1914 et la crise économique de 1929 on progressivement désagrégé cet empire au service de la charité.

18 juin 1177, Venise. Privilège d'Alexandre III confirmant à l'hospice septante-huit bénéfices. Parchemin, 63 x 80,5 cm, latin. Le sceau de plomb du pape, appendu sur lacs de soie, est tombé (AGSB 194).

Lire un privilège

Un privilège est l'acte le plus solennel de l'administration pontificale – la curie – qui se reconnaît aux principaux éléments formels, mis en évidence. En haut du parchemin, la première ligne est écrite en majuscules, la lettrine du pape expéditeur de l'acte, ici ALEXANDER, étant ornée. La fin de la ligne contient une formule de validité à long terme, ici « IN PPM », in perpetuum, pour la perpétuité.

L'acte se conclut par trois «Amen», marquant la solennité du document. Le second est en écriture cursive, les deux autres en écriture dérivée de l'onciale.

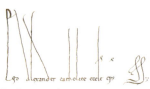

La rota, l'ancêtre des sceaux de notaires, est une sorte de roue qui renferme les noms des saints apôtres Pierre et Paul et le nom du pape, ici Alexandre III. Autour de ces noms, la devise du pape, tirée du psaume 25, «+ Vias tuas domine demonstra michi», fais-moi connaître tes voies, Seigneur.

La signature du pape se remarque, à droite de sa rota: «Ego Alexander catholice eccle eps ss», Moi, Alexandre, évêque de l'Eglise catholique, j'ai signé.

Le monogramme – soit la réunion de plusieurs lettres en un seul dessin – BENE VALETE, qui signifie « Porte-toi bien, meilleurs souhaits ».

136 | Archives et parchemins

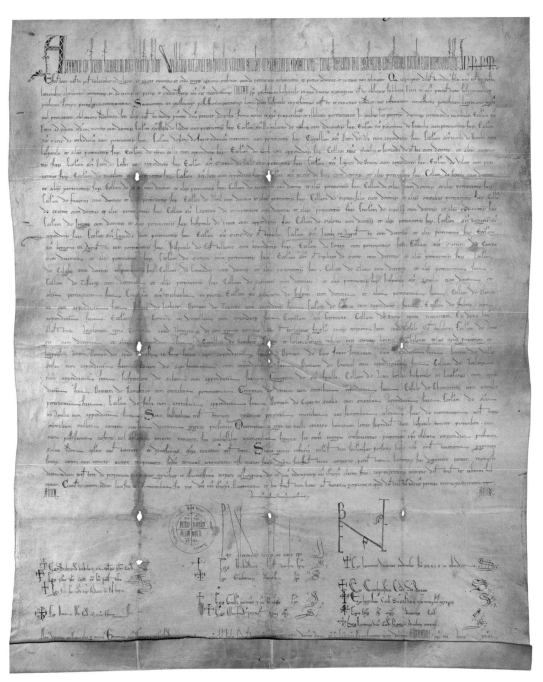

Le musée de l'hospice.
Les chanoines pionniers en archéologie et sciences naturelles.

Microscopes de campagne, utilisés par les chanoines naturalistes aux XIXe et XXe siècles.

Bronze de l'époque romaine, découvert par les chanoines du Grand-Saint-Bernard sur le Plan-de-Jupiter, en 1891.
Hauteur : 10 cm.

Le chanoine Jean-Isidore Darbellay, pionnier de la recherche archéologique au Mont-Joux. Ce portrait peint en 1788 le montre tenant une plaque votive, avec en arrière-plan la collection de monnaies romaines.
La maison qu'il couvre d'une main protectrice est la cure d'Orsières, qu'il fit reconstruire en 1779.

Page de droite
Plus d'un siècle sépare le temps des premières fouilles entreprises au Mont-Joux de cette scène photographiée en 1892, où le chanoine Lugon, au centre, contemple les fondations du temple de Jupiter.

Des savants dans la montagne

DÈS LE XVIIe SIÈCLE, les religieux du Grand-Saint-Bernard font œuvre d'historiens, en rédigeant des biographies de leur saint fondateur. Mais leur véritable essor scientifique a lieu dans la seconde moitié du XVIIIe siècle, dès lors qu'ils peuvent s'entretenir avec les philosophes et écrivains des Lumières de passage à l'hospice. Les chanoines se questionnent sur l'antique appellation de leur col, le Mont-Joux. Le seul moyen de connaître le lien réel entre Jupiter et le col, c'est de trouver des preuves. Aussi, de 1760 à 1764, le prieur Jean-Isidore Darbellay (1733-1812), les chanoines Jean-Joseph Ballet (1738-1813) et Laurent-Joseph Murith (1742-1816) entreprennent les premières fouilles archéologiques au lieu-dit Plan-de-Jupiter, dans la partie occidentale du col. Leurs découvertes, les chanoines les présentent dès 1764 à leurs hôtes; c'est là l'origine du Musée de l'hospice, qui s'avère être le premier du Valais. Le chanoine Darbellay dessine et décrit ce qu'il trouve, mais les inventaires des fouilles sont rédigés une bonne dizaine d'années plus tard: c'est le temps qu'il faut aux chanoines pour s'initier à ces nouveaux domaines, et surtout pour identifier les monnaies.

LAURENT-JOSEPH MURITH

De tous les chanoines savants, Murith est celui qui a acquis la plus grande renommée. Il est le type même de l'ecclésiastique érudit. Entré dans la congrégation du Grand-Saint-Bernard

En fouillant le passé, les chanoines se questionnaient sur l'origine du nom de Mont-Joux

en 1760, à l'âge de 18 ans, il assume successivement les charges de quêteur (1762), de clavandier, ou économe de l'hospice (1769), de prieur claustral (1775) avant d'être nommé curé de Liddes (1778) et enfin prieur de Martigny, de 1791 à sa mort, en 1816. Homme d'action et de responsabilités, Murith allie une solide formation théologique – il est notaire apostolique – et une érudition rare. Son activité scientifique, il l'effectue durant ses loisirs, soit durant les nuits et les heures de récréation. Depuis le début des fouilles archéologiques, le chanoine Murith travaille pour identifier avec précision ses découvertes. Il consulte les spécialistes de son époque de passage à l'hospice, dont sir William Hamilton, ministre plénipotentiaire du roi George III à Naples de 1763 à 1801. En remerciement de son aide, Murith lui offre quelques objets antiques dont deux petits ex-voto actuellement exposés au British Museum. Estimant ses recherches terminées, vers 1808, il envoie pour publication à la Société des antiquaires, à Paris, un manuscrit consacré aux antiquités du Grand-Saint-Bernard. Quelques pages sont publiées en 1821, mais le manuscrit s'est perdu jusqu'à ce qu'on le retrouve aux archives nationales de France (ANF 36 AS 87), au début du XXIe siècle.

Parmi ses correspondants rencontrés à l'hospice, certains sont d'éminents scientifiques. Horace Bénédicte de Saussure (1744-1799) est l'un d'eux, qui inspire à Murith de fructueuses

Une planche du célèbre herbier de Laurent-Joseph Murith, conservé au Musée de l'hospice du Grand-Saint-Bernard. Avec son *Guide du botaniste*, publié en 1810, le chanoine partage son savoir acquis sur le terrain.

La passion de la botanique

Le chanoine Laurent-Joseph Murith commence à s'intéresser à la botanique et à constituer un herbier vers 1790. Avant lui, le chanoine Jérôme Darbellay (1720-1809) avait déjà recueilli la majeure partie des plantes de la montagne du Grand-Saint-Bernard. Murith, lui, est décidé à étendre ses investigations à tout le Valais. Il sollicite la collaboration d'Abraham Thomas (1740-1824), qui avait parcouru pendant trente-cinq ans les Alpes. En plus de compléter son herbier, Murith veut produire un guide pour le voyageur botaniste dans le canton.

Achevé en 1800, l'herbier est constitué de deux imposants volumes, dans lesquels sont rassemblées 1206 plantes déterminées et étiquetées à plusieurs reprises, pour 1061 espèces appartenant à 63 familles. En plus de fournir des clés pour l'observation et l'identification des plantes, *Le guide du botaniste qui voyage dans le Valais*, publié à Lausanne en 1810, présente dix-neuf lettres échangées entre Murith et Thomas père et fils. Les lettres décrivent les excursions qui ont conduit les botanistes dans toutes les vallées du Valais, la plupart d'un jour, une de dix-sept jours, du 25 juillet au 10 août 1805 de Martigny à Binn, via Zermatt, Saas, Simplon et retour, et une autre de cinq jours, du 18 juillet au 1er août 1806, de Martigny à la Gemmi et retour. Conservé à l'hospice du Grand-Saint-Bernard, l'herbier a été entièrement photographié et inventorié en 2011, à l'occasion du 150e anniversaire de la Murithienne, Société valaisanne de sciences naturelles. L'intérêt de l'herbier et du guide est aujourd'hui essentiellement historique, documentant les connaissances des botanistes de l'époque et leurs intérêts floristiques et écologiques.

Jean-Claude Praz,
Musée de la nature
du Valais, Sion

Portrait du chanoine Laurent-Joseph Murith, peint sur toile en 1809 par Félix Corthey. Représenté à sa table de travail, loupe en main, Murith est ce prêtre savant qui excelle dans les sciences naturelles, évoquées ici par les minéraux, les plantes et le champignon qu'il s'apprête à identifier.

Murith est le type même de l'ecclésiastique érudit, qui conjugue avec ardeur la foi et la science

recherches, en particulier dans le domaine de la géologie. Murith fait aussi le tour des mines du Valais et du Val d'Aoste et constitue ainsi le noyau des collections minéralogiques de l'hospice (AGSB 2973). Il s'intéresse également à la conchyliologie, à l'ornithologie, à l'entomologie, faisant une collection par domaine d'intérêt. Murith s'initie aux mesures d'altitude. Il n'hésite pas à escalader, le premier, le Vélan, en 1786 ou 1787, pour faire des observations barométriques, qui seront publiées à Genève en 1803. Il fait aussi des mesures de l'humidité relative de l'air, se familiarisant avec les instruments de météorologie. Murith se met également à la botanique en vue de réaliser un herbier du Valais, terminé en 1800. Abraham Thomas, de Bex (VD), l'initie à cette science. Il lui offre en particulier la description de la flore alpine suisse d'Albrecht de Haller (1742), dont son père, Pierre Thomas, avait été le collaborateur. En 1810, Murith publie *Le guide du botaniste qui voyage dans le Valais*. Il écrit aussi de petits articles d'histoire locale, dont une argumentation en faveur du passage d'Hannibal au Grand-Saint-Bernard, en 1813. Murith est membre de la société d'émulation de Lausanne, de l'Académie celtique de Paris et membre fondateur en 1815 de la Société helvétique des sciences naturelles. Pour célébrer sa mémoire, la Société valaisanne de sciences naturelles fondée à Saint-Maurice le 13 novembre 1861 sera baptisée la Murithienne.

Avec plus de 7000 spécimens répartis dans 60 boîtes (ici la boîte N° 17) la collection de papillons du chanoine Emile Florentin Favre est la plus importante du Valais.

A gauche
Nestor Cerutti fait partie de ces chanoines qui ont continué au XXe siècle l'œuvre des pionniers. Membre de la Murithienne dès 1910, puis de la Société entomologique suisse en 1913, il est l'auteur de plusieurs publications sur les insectes, ainsi que d'un recueil d'observations sur les oiseaux du Grand-Saint-Bernard.

A droite
Passionné de botanique, le chanoine Maurice Besse figure ici sur une photo datée de 1910, lors d'une excursion de la Murithienne, qu'il a présidée pendant plus de vingt ans.

Les chanoines du Grand-Saint-Bernard lors d'une excursion dans les environs de l'hospice (fin XIXe - début XXe siècle). L'un des confrères est équipé de la longue-vue qui aurait servi un siècle plus tôt à Murith pour ses explorations de la nature alpine.

BOTANISTES ET AUTRES NATURALISTES

Avec le même élan que Murith et leurs autres confrères pionniers, les religieux du Grand-Saint-Bernard vivent une période de boulimie scientifique, se passionnant pour l'archéologie, la numismatique, la botanique et les autres sciences naturelles, achetant les ouvrages de référence de leur époque, tels les livres d'Andilly, Linné, Bonnet, Lamarck, Haller, Candolle et leurs successeurs. François-Joseph Biselx (1791-1870) est prieur de l'hospice lorsque le professeur Pictet, de Genève, y installe la station météorologique, le 14 septembre 1817. Vice-président de la Société helvétique des sciences naturelles, il publie quelques articles sur le climat du Grand-Saint-Bernard, les roches et les plantes. Pierre Germain Tissières (1828-1868), membre fondateur et premier président de la Murithienne, est l'auteur du *Guide du botaniste sur le Grand-Saint-Bernard* (1868). Gaspard Abdon Delasoie (1818-1877), deuxième président de la Murithienne, précise l'altitude de plus de 400 localités et sommets à partir du niveau du lac Léman. Il écrit des articles allant de la géologie au catalogue des arbres et arbustes du Valais. Avec le chanoine Tissières, ils sont membres de la Société helvétique des sciences naturelles et de la Société hallérienne de Genève. Camille Carron (1852-1911) écrit un répertoire méthodique

Le Musée de l'hospice naît à la fin du XVIIIe siècle comme un cabinet de curiosités intégré à la bibliothèque. La stèle égyptienne, aux pieds du chanoine, a été acquise en échange d'un chien saint-bernard. Lors de la réorganisation du musée en 1923, les sciences naturelles gagnent en importance. Un chanoine attend les visiteurs sous le regard attentif du hibou grand-duc *(Bubo bubo)* victime de Napoléon Marcoz, qui l'a abattu à Saint-Rhémy en 1925. La bibliothèque et ses 20 000 livres contenant autant d'ouvrages profanes que traitant de la vie chrétienne, est évoquée dans l'une des vitrines du musée actuel.

botanique et des notices sur les avalanches. Maurice Besse (1864-1924) se passionne pour la botanique. Ses comptes-rendus des activités de la Murithienne, dont il est le président de 1897 à 1922, en témoignent. En 1923, il préside la Société helvétique des sciences naturelles à Zermatt. Emile Florentin Favre (1843-1905) s'oriente d'abord vers la botanique et publie un supplément au guide du botaniste du Grand-Saint-Bernard et un guide du botaniste du Simplon, avant d'éditer trois ouvrages d'entomologie. Sa collection de papillons compte plus de 7000 spécimens de près de 1600 espèces différentes, ce qui en fait la plus importante du Valais. Elle a été déposée au Musée de la nature, à Sion, en 2009. Nestor Cerutti (1886-1940), docteur en philosophie, s'intéresse surtout à l'entomologie et répertorie en Valais plusieurs nouvelles espèces d'insectes. Il publie également, en 1935, ses observations sur les oiseaux du Grand-Saint-Bernard.

LES ARCHÉOLOGUES

Dans le domaine de l'archéologie, Murith estimait avoir terminé ses recherches, mais de nombreuses découvertes restaient encore à faire au Plan-de-Jupiter et dans les environs du col. Le chanoine Pierre-Joseph Meilland (1838-1926) fouille le Plan-de-Jupiter entre 1860 et 1863. En quatre étés, il exhume 160 monnaies antiques. Pour les déterminer, il s'adresse à trois érudits de son temps, soit au prieur Gal,

Visible au musée, la stèle égyptienne fut obtenue en échange d'un chien saint-bernard

d'Aoste, et à MM. Promis, de Turin, et Löscher, de Berlin. Au début de 1871, le chanoine Jean-Baptiste Marquis (1851-1909) effectue des recherches archéologiques au Plan-de-Jupiter pendant trois ans. Il y trouve quelques bronzes, des monnaies celtiques et romaines, ainsi que des inscriptions sur pierre. A partir de 1883, le chanoine Henri Lugon (1863-1926) récolte un grand nombre d'objets, de tablettes, d'inscriptions et de monnaies celtiques sans pouvoir établir une topographie du site, ce qui se fera dès 1890 sur ordre du Ministère de l'instruction publique du Royaume d'Italie. Ce sont MM. Castelfranco, Ferrero et von Duhn qui réaliseront ce travail jusqu'en 1894. Cette même année, Lugon est élu membre de l'Académie Saint-Anselme, société savante valdôtaine. Avec lui se clôt l'époque des chanoines archéologues, l'Etat italien prenant le flambeau depuis lors. Alfred Pellouchoud (1888-1973) remodèle le Musée de l'hospice du Grand-Saint-Bernard en 1923, musée qui gardera la même présentation jusqu'en 1987, lorsque le prieur Jean-Michel Girard décide de mettre à jour les inventaires des collections.

Le musée ayant souffert d'un incendie en 1996, il est réorganisé sous la direction de son conservateur, M. Jacques Clerc. La beauté du patrimoine et l'entretien du musée, plus que bicentenaire, invitent chaque génération à se dépasser, dans la mesure de ses forces, pour présenter aux passants quelques bribes de la vie au col au fil des siècles. *J.-P. V.*

La collection archéologique

Le Musée de l'hospice du Grand-Saint-Bernard conserve environ 1350 objets archéologiques (en plus des monnaies), principalement romains, certains gaulois et égyptiens, ainsi que quelques pièces datant de l'âge du bronze. La majorité de la collection provient de fouilles effectuées au Plan-de-Jupiter, dans la partie occidentale du col. D'autres pièces ont été découvertes dans les proches environs, sur le Mont-Mort et dans le secteur de Barasson, ainsi qu'à Liddes et à Martigny.

Lame de poignard à rivets.
Bronze. 2300-1600 av. J.-C.
Liddes. Longueur : 28,5 cm.

Hache à lame spatuliforme.
Bronze. 2300-1600 av. J.-C.
Liddes. Longueur : 31,5 cm.

Découvertes archéologiques au Mont-Joux

PIONNIERS, les chanoines du Grand-Saint-Bernard le sont doublement lorsqu'ils entreprennent, dès 1760, des fouilles au Plan-de-Jupiter. D'une part, l'archéologie n'est pas encore une discipline scientifique – cela ne surviendra qu'au XIXe siècle – d'autre part, aucune fouille n'a jusque-là été entreprise au col. A l'époque, le Plan-de-Jupiter est un endroit désert. Les dernières pierres taillées issues des ruines romaines ont été enlevées un siècle plus tôt pour servir dans les travaux d'agrandissement de l'église ; il est possible que Murith et ses pairs l'aient ignoré. Les seules traces d'une occupation ancienne sont de larges entailles pratiquées dans la roche, qui suggèrent l'assise de fondations, de même qu'une portion de voie taillée elle aussi dans les rochers, un peu à l'écart. Ce qui attire les chanoines vers ce lieu plutôt qu'un autre, c'est le toponyme, Plan-de-Jupiter, dont ils cherchent à comprendre l'origine. L'endroit est plat, à l'abri des avalanches et situé à proximité de la source principale, trois critères pour établir un édifice. S'il y avait un édifice, il y avait un culte. Aussitôt la neige partie, les chanoines s'en vont pelle et pioche à l'épaule.

UN LONG TRAVAIL D'IDENTIFICATION

Creusant la terre dure, ils ne tardent pas à découvrir une multitude d'objets. Leur attention se focalise sur les plus éloquents et les plus spectaculaires, notamment les monnaies, les statuettes et les plaques métalliques gravées. Profitant des huit mois d'hiver, ces érudits commencent un long travail d'identification, en s'aidant des ouvrages savants que contient leur bibliothèque. L'étude des pièces de monnaie celtes et romaines constitue la source la plus sûre pour dater la fréquentation des lieux. Les frappes de la République puis de l'Empire sont représentées, depuis le IIIe siècle av. J.-C. jusqu'au Ve siècle. Les statuettes des divinités, lorsqu'elles ne sont pas trop abîmées, sont identifiables par leurs attributs. Murith lui-même trouve deux statuettes de Jupiter, reconnaissables

Jupiter Pennin

Moins de sept siècles avant que saint Bernard enracine la chrétienté au col du Mont-Joux (Mons Jovis), les dieux du Panthéon romain y étaient vénérés, en premier Jupiter, dieu de la foudre, du ciel et de la lumière, défenseur de la justice. Avant la conquête du col par les Romains en 15 av. J.-C., les Celtes y pratiquaient le culte de Pœninus, ou Penn, divinité des sommets. Les Romains l'intégrèrent à leur tradition, d'où le nom de Jupiter Pennin.

Jupiter est le plus souvent représenté barbu, tenant d'une main un foudre, et de l'autre un aigle ou un sceptre. Les yeux de cette statue ont la particularité d'être en argent.
Bronze et argent.
Hauteur : 29 cm.

Ce pied sandalé a été découvert par Murith. De tels fragments, témoins d'un art admirable, proviennent probablement de statuettes votives.
Bronze. Longueur : 3,8 cm.

À droite
Diverses représentations animales ont été retrouvées, dont ce chien assis.
Bronze avec restes de dorure.
Hauteur : 5,2 cm.

au foudre et à l'aigle. Latinistes, ils n'ont guère de difficultés à lire les textes gravés sur les plaques de bronze. Il s'agit d'ex-voto, où régulièrement les mêmes noms reviennent, Iovis, Poenino. Tous les indices convergent pour signifier qu'au Plan-de-Jupiter s'élevait un lieu de culte consacré au dieu suprême du panthéon romain, en syncrétisme avec le culte antérieur que les Celtes, en ces lieux, vouaient à Penn, divinité des sommets.

L'ÉNIGME DE LA MAIN DE BRONZE

La première campagne de fouilles se poursuit durant cinq étés. Le premier catalogue, rédigé par Murith, comprend plusieurs centaines d'objets. Tous ne sont pas identifiés avec certitude. Les fragments de statuette, lorsque manque un signe distinctif, peuvent difficilement être attribués à une divinité plutôt qu'à une autre. Les pieds en bronze, nus ou chaussés de sandales, les bras masculins ou féminins, les bustes anonymes, la souplesse d'un drapé n'en témoignent pas moins de l'excellence des sculpteurs et fondeurs de l'Antiquité. Certaines pièces, bien qu'entières, demeurent énigmatiques. Ainsi de cette main en bronze trouvée intacte par Murith. Sur le poignet, une tortue ; au dos, une salamandre, une grenouille et un serpent à tête barbue qui se glisse entre l'index et le majeur dressés ; sur le pouce, une excroissance en forme de pomme de pin que Murith désigne comme étant un bouton de peste. Autant de symboles mystérieux. Le seul élément identifiable, placé à l'intérieur du poignet, est une mitre, soit la coiffe d'un dignitaire du culte. Mais de quel culte ? L'hypothèse est qu'il s'agit d'une main votive offerte à Sabazios, divinité apparue en Grèce au Ve siècle av. J.-C. et que les Romains ont associée à Jupiter. Ce n'est qu'une hypothèse.

PAROLES D'ESCLAVE

Lorsqu'ils interrompent leurs fouilles en 1764, Murith, Darbellay et Ballet laissent derrière eux quantité d'objets, soit qu'ils les dédaignent, telles les céramiques, soit qu'ils ne les ont simplement pas découvertes. C'est le cas d'un ex-voto de très grande qualité, trouvé quarante-quatre ans plus tard, en 1808. Son inscription dit qu'il a été offert

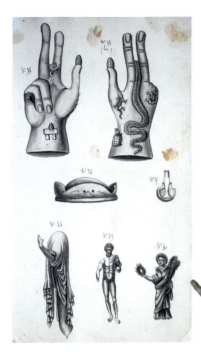

Page du catalogue de 1872, dans lequel des dessins reproduisent quelques objets de la collection.

Drapé du côté gauche d'une statuette féminine, qui pourrait être Minerve. Bronze. Hauteur : 9,5 cm.

Les fibules sont des épingles avec ressort destinées à tenir les vêtements.
Alliage cuivreux. 10 av. J.-C.-70 apr. J.-C. Longueur : 3,7 cm, largeur : 2,2 cm.

par «Phoebus, esclave de Fuscus, esclave de Tibère» lorsque Tibère portait le titre de César, entre 4 et 14 apr. J.-C. Murith a eu connaissance de cette plaque votive. En revanche, il n'a pu voir le Jupiter exhumé dans les années 1890. En bronze avec les yeux en argent, c'est la plus grande statue de la collection. Etait-ce l'offrande votive d'un riche passant ? S'agissait-il de la statue principale du temple ? Rien ne permet de répondre à ces interrogations. Les dieux sont identifiables, puisqu'on connaît la mythologie, mais l'histoire ne livre aucune trace de l'organisation du culte dans ce temple.

L'ERREUR DE PELLOUCHOUD

Les travaux des pionniers puis les recherches qui ont suivi jusqu'à aujourd'hui ont permis d'écrire une partie de l'histoire celtique et romaine du col du Grand-Saint-Bernard. Le catalogue de la collection, établi en 1955 par le chanoine Alfred Pellouchoud se fonde sur les catalogues précédents, celui de Murith, le plus ancien, et celui daté de 1872, signé par un énigmatique Comte H. de S. C. Le «Pellouchoud» intègre également les rapports de fouilles de 1890 à 1893. Les céramiques et les récipients en verre ne sont pas mentionnés. Quant aux objets qui le sont, ce n'est pas toujours sans erreur.

A propos d'un ensemble de 17 plaquettes en bronze reliées entre elles, Pellouchoud cède aux apparences et avance que c'est un collier. Il s'agit en fait des écailles d'une cuirasse portée par un soldat romain. En plus des monnaies, qui constituent le groupe le plus important, la collection comprend plus de 1350 objets. Beaucoup sont utilitaires. C'est le cas des lampes, des clés, des récipients en verre ou en terre cuite. Il est cependant impossible d'affirmer que ces objets usuels n'ont pas servi dans un contexte rituel. De même pour les fibules, ces agrafes conçues pour retenir un vêtement, qui pourraient avoir été offertes de manière votive et non pas perdues par des passants. *P. R.*

Titus Claudius Severus, fourrier de la 3ᵉ légion italique, invoque Jupiter Pennin, « le meilleur, le plus grand ». Dans l'armée, la fonction du fourrier était de veiller à l'approvisionnement des troupes. La pauvreté de la gravure, réalisée avec une pointe métallique sur une plaque de cuivre, suggère un passant peu fortuné.
150-200 apr. J.-C. 20,2 x 13,4 cm.

Sur cette plaque découverte par Murith, Caius Julius Primus s'adresse à Penn plutôt qu'à Jupiter. Il émet son vœu pour l'aller et le retour: « pro itu et reditu », ce qui fait probablement allusion aux dangers de la route à cette époque.
Bronze, lettres gravées.
0-100 apr. J.-C. 11,3 x 5,7 cm.

Plaques votives

La collection compte plus de 50 ex-voto métalliques, soit le plus grand ensemble datant de l'Empire romain. Partout ailleurs, ces plaques votives ont été fondues dès que l'édit de Thessalonique, en 381, a établi le christianisme comme unique religion de l'Empire. Ces ex-voto nous renseignent parfois sur l'identité des passants, et toujours sur leur relation au divin. Hommes libres, esclaves, soldats, marchands s'adressent à Penn, à Jupiter-Pennin ou à Jupiter. On ignore si les graveurs travaillaient au col, dans les vallées ou aux deux endroits. La majorité des inscriptions, gravées ou en relief, se concluent par la formule traditionnelle VOTUM SOLVIT LIBENS MERITO, abrégée par les quatre lettres V S L M, signifiant que le passant « s'est volontiers acquitté de son vœu avec une juste reconnaissance ».

Dans cette inscription, le passant ne s'adresse à aucune des divinités connues. Les seuls éléments certains sont le nom et l'état : Marcus Calpurnus, vétéran. Dominapus prête à confusion. Il pourrait s'agir du lieu d'origine du passant. Dominabus, avec un b, aurait permis de traduire que le passant a invoqué les « Maîtresses ».
Bronze, lettres en relief.
150-200 apr. J.-C. 10 x 7,4 cm.

Statuette d'Hercule, reconnaissable à la dépouille du lion de Némée qu'il porte sur l'épaule. Tuer l'animal fantastique fut le premier des douze travaux accomplis par Hercule, fils de Jupiter, pour gagner l'immortalité.
Bronze. Hauteur : 7 cm.

Buste de Minerve, casquée et ceinte de son armure. Minerve, née du crâne de Jupiter, était la déesse de la sagesse et de la guerre, également protectrice de Rome. Bronze.

154 | Le musée de l'hospice

Divinités

En plus de Jupiter, le plus souvent représenté, la collection comprend des statuettes de dieux ou de demi-dieux de la mythologie romaine. L'hypothèse est qu'il s'agit de statuettes votives, c'est-à-dire offertes par des passants en remerciement d'un vœu ou pour solliciter la protection divine lors du voyage. Les cinq statuettes présentées ici ont toutes été découvertes lors de la première campagne de fouilles au Plan-de-Jupiter.

Le bouquet tenu par cette divinité laisse penser qu'il s'agit de Flore, l'une des plus anciennes divinités de l'Antiquité, qui préside au renouveau de la nature. Le doute cependant subsiste, car l'effigie pourrait être celle de Cybèle, fille de Jupiter, ou de Tutela, divinité déjà présente en Gaule. Bronze. Hauteur : 6,4 cm.

En plus de la dépouille du lion de Némée, l'autre attribut du demi-dieu Hercule est la massue, taillée dans un tronc d'olivier. Bronze. Hauteur : 5,6 cm.

L'hypothèse concernant cette main est qu'il s'agit d'un objet votif dédié à Jupiter-Sabazios. Bronze. Hauteur : 11,5 cm.

Le musée de l'hospice

Objets militaires

Les fouilles ont montré que, le col une fois conquis par les Romains, les légions y ont amplement transité. La collection compte 179 objets d'équipement militaire. La catégorie la plus importante est celle des armes offensives, au nombre de 73, incluant javelots, flèches, fragments d'épée et poignards.

En apparence une pointe de lance, cet objet est en réalité un talon, fixé en bas de la lance et permettant de la planter dans le sol. Longueur : 11,5 cm.

Elément de cuirasse à écailles, constitué de 17 plaquettes en bronze étamé (recouvert d'étain), argenté ou non traité, reliées entre elles par un fil de bronze. Longueur : 16 cm.

Plaque de fourreau d'une arme de poing. Le relief montre un sanglier attaqué par un chien, et dans la partie supérieure un lion pourchassant un cerf.
Ce type de décoration était en circulation en Gaule durant le règne de Tibère (14-37 apr. J.-C.) jusqu'à celui de Claude (41-54 apr. J.-C.). 8,4 x 6,1 cm.

Bien que non répertoriée parmi les objets militaires, cette bague a pu avoir été portée par un soldat, actif ou vétéran. En effet, le motif gravé dans la cornaline représente la cigogne associée au buccin, insigne des 1re, 3e et 4e légions italiques.

Le musée de l'hospice | 157

Ojets utilitaires

A la différence des statuettes et des plaques votives, dont on connaît la dimension religieuse, à la différence également des bijoux et des armes, de nombreux objets découverts lors des fouilles successives avaient une fonction utilitaire. Cela ne surprend pas, puisque les recherches archéologiques ont révélé la présence de deux habitations adjacentes au temple, des mansiones, où les voyageurs trouvaient le gîte.

Découverts pour la plupart au Plan-de-Jupiter, 265 tessons de céramique font partie de la collection du musée et correspondent à environ 120 récipients, dont cette cruche à une anse. 50-100 apr. J.-C. (GSB 316).

Lampe à huile en terre cuite. Ier-IVe siècle apr. J.-C. Longueur : 8 cm (GSBR 470).

Tesson de coupe dite « sigillée », car son décor est réalisé par application de poinçons. Ces poteries en terre fine, recouvertes d'un vernis de couleur rouge à orangée, étaient répandues dans toute la Gaule. Parmi les personnages représentés sur ce fragment daté de 60-120 apr. J.-C., on reconnaît, à droite, deux gladiateurs combattant. (GSBR 238).

Une dizaine de clés en fer et d'éléments de serrures ont été retrouvés, la plupart de petite taille, destinés à des coffrets ou à de petits meubles.

Les fragments et récipients en verre sont nombreux dans la collection. Ce flacon est un balsamaire, destiné à contenir des essences odoriférantes. 50-100 apr. J.-C.

Huit objets de bronze se rapportent à l'éclairage, dont cette poignée en forme de tête de cygne, qui aurait servi à tenir une lampe. Bronze. Longueur : 7 cm.

L'argent des dieux

**Follis de Dioclétien,
frappé à Londres, 284-305.**
Billon (argent et cuivre). 9,98 g,
28,2 x 25,35 mm, 180°, avers.

**Denier d'Antonin le Pieux
pour Faustine mère,
divinisée, frappé à Rome, 141-161.**
Argent. 3,36 g, 18,95 x 16,05 mm,
180°, revers.

L'HOSPICE conserve deux collections numismatiques, l'une constituée d'offrandes des passants à l'hospice depuis mille ans, l'autre provenant des fouilles archéologiques effectuées sur place par les chanoines Darbellay, Murith, Barras et leurs successeurs depuis le XVIIIe siècle. C'est la collection évoquée ici, à titre de témoin phare du passage des hommes depuis l'Antiquité jusqu'à la fin du premier millénaire.

De rares monnaies antiques, les potins, sont obtenues en coulant du métal dans des moules. Les autres sont des monnaies frappées. Leur fabrication requiert de découper un cercle dans une feuille de métal, de le placer ensuite entre deux coins d'acier comprenant chacun une effigie, enfin de frapper au marteau le coin supérieur. Ces monnaies antiques ont été retrouvées grâce à une coutume qui subsiste dans bien des fontaines. Le passant fait un vœu puis y jette une piécette. Durant l'Antiquité, les offrandes restaient habituellement sur place, pour le bonheur des numismates et des historiens qui élaborent de nos jours des théories sur les circulations des personnes au cours des siècles. Au Grand-Saint-Bernard, six cents monnaies celtes ont été découvertes, émises par des tribus dont le territoire se répartit dans un rectangle comprenant les villes de Marseille, Milan, Hambourg et Anvers. Offrandes votives à Pen, divinité celte des sommets, elles témoignent de la mobilité de ces peuplades au moment de la conquête romaine, narrée dans la Guerre des Gaules, par Jules César († 44 av. J.-C.). Les périodes et civilisations précédentes sont évoquées par une trentaine de monnaies frappées principalement en Egypte, en Grèce, ainsi qu'en Sicile, lorsque l'île dépendait encore de Carthage. Deux cents monnaies évoquent la République romaine, dès la réforme monétaire de 211 av. J.-C. jusqu'au règne de Jules César. Ces monnaies ont probablement été offertes tardivement aux divinités par des légionnaires romains de passage. Trop éloignées de leur lieu de frappe, certaines d'entre elles avaient perdu leur valeur marchande, mais elles pouvaient encore servir à conjurer des superstitions locales. La période la plus représentée est celle de l'Em-

L'histoire dans les monnaies

A gauche, le buste lauré et cuirassé de l'empereur Dioclétien, avec la légende IMP[ERATOR] C[AESAR] DIOCLETIANVS P[IUS] F[ELIX] AVG[USTUS], «L'empereur césar Dioclétien pieux heureux auguste». Cet homme a ordonné la troisième et dernière persécution générale des chrétiens. Une foule de témoins ont préféré proclamer leur foi, au prix de leur sang, plutôt que de renier le nom de Jésus. Parmi eux, Maurice et sa légion thébaine, martyrs en Valais.

Plus ancien, un denier d'Antonin le Pieux présente une coutume, le rôle du paterfamilias – le chef de famille – qui possède le droit de vie et de mort sur ses descendants. Ici, l'empereur, assis sur un trône, décide s'il accorde la vie à un nouveau-né qui lui est présenté. Une servante pousse vers lui un autre enfant, pour inviter le père à le reconnaître également. En cas de refus, ces enfants sont donnés en pâture aux bêtes sauvages.

pire romain, avec plus de 1500 monnaies. Les chanoines les ont découvertes parmi les ruines du temple de Jupiter-Pennin, construit au col sous l'empereur Claude, vers 50 apr. J.-C. Cette collection ne présente pas de lacunes dans la série des empereurs depuis Auguste († 14 apr. J.-C.) jusqu'aux fils de Théodose († 395). Même les usurpateurs et ceux qui n'ont régné que peu de temps ou seulement sur une partie de l'empire sont presque tous représentés. Au moment où les Barbares déferlent sur l'Empire, la collection s'interrompt pour ne conserver qu'une trentaine de pièces réparties entre le Ve et le XIIe siècle.

PASSAGE D'UNE COMÈTE

Dans cette collection sont représentés la majorité des ateliers de frappe monétaire de l'empire, répartis sur le pourtour de la méditerranée, ainsi que plusieurs ateliers de faussaires. Cela prouve l'extrême mobilité des gens au début de notre ère, en raison de la mise en place et de l'entretien des voies romaines. Ces routes permettent aux armées de se déplacer rapidement et au commerce de prospérer.

En plus de diffuser sa propre image, l'empereur utilise ses monnaies pour promouvoir ses priorités politiques, habituellement sous forme de divinités. En période de paix, l'insistance va à la Concorde, à la Prospérité et à la Justice. Des événements locaux sont parfois commémorés, comme le passage d'une comète, l'inauguration d'un temple ou la victoire militaire sur une tribu rebelle.

Nous y percevons la religiosité de la société antique. Dans ce contexte, l'hospice conserve les premières monnaies chrétiennes de l'histoire, frappées au début du IVe siècle. Le nom du Christ est présenté sous forme d'un sigle que seuls les initiés peuvent décrypter. Au fur et à mesure de la progression de l'évangélisation, durant ce même siècle, le nom du sauveur, Christos, remplit le revers des monnaies. Au Ve siècle apparaît une nouveauté iconographique, tant en histoire de l'art qu'en numismatique: la croix.

Jusqu'alors, l'Eglise n'a pas cessé d'en questionner le sens et la valeur: si Jésus est Dieu, pourquoi a-t-il subi le traitement réservé aux criminels en étant crucifié? Inversement, puisque Jésus est homme, comment est-il Dieu? Par la croix? La foi chrétienne s'intériorise. C'est l'époque de la chute de l'Empire romain d'occident et de l'évangélisation des barbares. La civilisation occidentale émerge. *J.-P. V.*

Denier de la République romaine, frappé à Rome, 116-115 av. J.-C.
Argent. 3,91 g, 20,6 x 19,4 mm, 300°, avers.

Potin à grosse tête, 100-20 av. J.-C.
Potin (cuivre, étain, plomb). 6,65 g, 19,6 x 19 mm, 90°, avers.

Rome vaincra les Celtes

Deux têtes ayant chacune plus de deux mille ans se font face. A droite, une femme celte expose sa beauté stylisée. Elle appartient à la tribu des Séquanes, peuple de cavaliers habitant la région qui recouvre le Jura et les Vosges. A sa coiffe répond le casque de sa voisine, Rome, qui se présente sous la forme d'une guerrière. Le chiffre 10 (X) indique qu'elle sait calculer ses plans de guerre, tandis que l'inscription ROMA, en toutes lettres, exprime son ambition. Bientôt son nom sera redouté. Rome vaincra les Celtes, dont la civilisation va disparaître. Il reste cette tête de femme, simple et lumineuse, dernier éclat d'une civilisation qui privilégiait l'abstraction.

Aureus, deniers et sesterces

Les plus belles monnaies sont en or, en argent ou en bronze. La plus noble, l'aureus, est en or. Son poids diminue au fur et à mesure que s'amenuisent les réserves de l'Empire. Au IVe siècle, l'aureus est remplacé par le solidus, ancêtre du sou. Le denier est d'argent. Ses pairs, l'antoninien et le quinaire, sont passés dans l'oubli, alors que le dinar s'utilise encore au Maghreb, et le denier en Serbie. Certaines monnaies sont en bronze, comme le sesterce, le dupondius ou l'as. Le semis et le quadrans sont en cuivre, tandis que le follis, le nummus et le billon sont des alliages. A partir du IVe siècle, certains noms de monnaie ne nous sont pas connus ; on les appelle par convention «aes», suivi d'un chiffre romain pour signifier sa grandeur, l'aes I étant le pus grand, l'aes IV le plus petit. Il est d'usage, en présentant les monnaies, d'indiquer le nom de l'autorité émettrice, le lieu de frappe, la datation, le métal, le poids, les dimensions, ainsi que l'angle de frappe, exprimé ici en degrés, entre l'avers et le revers.

La Judée vaincue

Le drame d'Israël est narré par ces monnaies. A droite, un sesterce que l'empereur Vespasien a fait frapper en 71 apr. J.-C., pour commémorer la prise de la Judée (JUDAEA CAPTA) l'année précédente par son fils Titus. Sous un palmier un homme est menotté, sa femme, assise, pleure. A gauche figure l'une des dernières frappes du peuple élu. Shimon bar Kokhba mène la révolte en 132. Lui et ses partisans sont massacrés en 135, puis l'empereur Hadrien ordonne de raser Jérusalem et d'y interdire l'accès aux Juifs. Cette monnaie présente la cruche pour conserver l'huile du chandelier à sept branches. Au revers est inscrit en hébreu «Pour la liberté de Jérusalem». Un Juif pieux a troué cette pièce pour la porter à son cou. En passant au col du Mont-Joux, impressionné par la puissance romaine, peut-être a-t-il désespéré de la fidélité du Dieu de ses pères et offert cette monnaie à Jupiter.

Sesterce de Vespasien, frappé à Rome, 71 apr. J.-C.
Bronze. 26,11 g, 33,6 x 32 mm, 340°, revers.

Denier de Judée, 133-136 apr. J.-C.
Argent. 2,98 g, 17,5 x 16,8 mm, 360°, revers.

Le musée de l'hospice | **163**

Constantinople et le Christ

A gauche, la louve allaite Romulus et Remus, les deux fondateurs de Rome. Cette monnaie doit être la dernière vantant la grandeur de la ville bientôt délaissée. En effet, le 11 mai 330, l'empereur inaugure Constantinople, la nouvelle capitale. A droite, une frappe issue de Constantinople témoigne six siècles plus tard de la pérennité de la cité. Le Christ, de face, présente l'Évangile des deux mains. Autour de son auréole, la légende + EMMANOVHΛ, «L'Emmanuel», signifie «Dieu est avec nous». De chaque côté de la nuque du Christ, les lettres IC et XC professent la foi chrétienne: Jésus est le Christ.

Follis de Constantin Ier, frappé à Thessalonique, 330-333 ou 336-337.
Bronze. 1,98 g, 19,1 x 16,9 mm, 180°, revers.

Follis de Jean Ier Tzimiskès, frappé à Constantinople, 969-976.
Bronze. 16,77 g, 33,5 x 32,2 mm, 190°, avers.

Premières monnaies chrétiennes

Les trois fils de Constantin Ier († 337) frappent les premières monnaies chrétiennes. Ici, Constant reprend un type monétaire connu, à la gloire de l'armée (GLOR-IA EXERC-ITVS). On y voit deux soldats, debout, face à face, qui tiennent chacun un javelot renversé et s'appuient sur un bouclier. Entre eux, une nouveauté: l'enseigne militaire contenant le monogramme du Christ.

Aes III de Constant, frappé à Siscia (aujourd'hui Sisak, en Croatie), 337-340.
Bronze. 1,58 g, 16,9 x 16,1 mm, 360°, revers.

Le christianisme autorisé

Par l'édit de Milan, en 313, Constantin place le christianisme dans la liste des religions autorisées de son empire. Ses successeurs frappent des monnaies chrétiennes, dont cet aes II de Magnence, où les lettres XP entrecroisées résument ΧΡΙΣΤΟΣ le Christ. De chaque côté du monogramme, en partie effacées, alpha (Α) et omega (ω), la première et la dernière lettre de l'alphabet grec. Elles proclament que le Christ est le commencement et la fin de toutes choses. Sur la même monnaie, un aes II, l'empereur Julien l'Apostat remplace le Christ par le taureau Apis, couronné de deux étoiles, signe de divinité. En 362, Julien l'Apostat promulgue un édit interdisant aux chrétiens d'enseigner. Intolérance et martyrs se côtoient.

Aes II de Julien l'Apostat, frappé à Lyon, 360-363.
Bronze. 5,29 g, 24,05 x 22,5 mm, 360°, revers.

Aes II de Magnence, frappé à Lyon, 351-353.
Bronze. 4,93 g, 22,15 x 21,5 mm, 180°, revers.

Religieux et politique

Il faut attendre mille ans pour voir écrite en toutes lettres la foi chrétienne sur une monnaie. C'est à Constantinople, au Xe siècle, que l'empereur Jean Ier frappe sur son follis la légende suivante, en grec: + IHSUS / XPISTUS / BASIΛEU / BASILE, «Jésus Christ est le roi des rois». Message religieux, mais aussi politique: si Jésus est souverain au ciel, sur terre c'est l'empereur qui gouverne. L'empire d'Orient en est alors à son apogée, alors que l'Occident est dans une phase de régression dont il ne se relèvera qu'au XIe siècle.

Follis de Jean Ier Tzimiskès, frappé à Constantinople, 969-976.
Bronze. 16,77 g, 33,5 x 32,2 mm, 190°, revers.

Antoninien de Probus, frappé à Rome, 276-282.
Argent. 3,25 g, 22,3 x 21,2 mm, 180°, revers.

Un ancêtre direct de l'euro

Bien qu'un millénaire sépare ces deux sanctuaires, leur iconographie est la même, avec escaliers, colonnes et fronton. Le plus ancien, à gauche, date du IIIe siècle. C'est celui de Vénus et de Rome, où la divinité, debout dans son temple, attend ses adorateurs. Au revers, la légende indique **ROMAE AETER[NAE]**, «A Rome éternelle». La monnaie de droite a été frappée à Saint-Maurice au XIIe siècle. Élaborée à l'époque de Louis le Pieux (778-840) et restée sans modification jusqu'au XIIIe siècle, elle était admise dans toute l'Europe, ce qui la désigne comme l'ancêtre direct de l'euro. Le temple antique a cédé la place à l'église, qui se reconnaît à ses croix au centre et au sommet de l'édifice. La légende indique également qu'il s'agit de la religion chrétienne: + XRISTIANA RELI[GIO].

Denier de Saint-Maurice d'Agaune, XIIe siècle.
Argent. 1 g, 18 mm, 90°, revers.

Deux visions de la victoire

A gauche, l'empereur Honorius tient l'étendard des armées qu'il commande. De l'autre main, il soutient le globe terrestre surmonté de l'ange de la victoire, qui dépose sur sa tête une couronne de laurier. D'un pied, l'empereur écrase un prisonnier, dans une posture qui exalte la force et la victoire de Rome. A droite, l'empereur Léon Ier cultive une autre vision de la victoire. Il laisse toute la place à la croix ainsi qu'à l'ange qui la présente, ne se trouvant pas digne de figurer sur le revers de sa propre monnaie. A la suite des invasions barbares et de la chute de l'Empire romain d'occident, il a compris qu'il existe une victoire dans la faiblesse, celle de la croix. Notons que les deux monnaies ont la même légende VICTORIA AUGGG, Victoria augustorum, la victoire des augustes.

Solidus de Léon Ier,
frappé à Milan, 457-474.
Or. 4,43 g, 21,9 x 20,4 mm,
360°, revers.

Solidus d'Honorius,
frappé à Rome, 404-408.
Or. 4,46 g, 21,1 x 20,5 mm,
350°, revers.

Le musée de l'hospice | 167

La nature des Alpes autour de l'hospice.
L'univers des pierres, des fleurs et de la faune.

De nombreux bouquetins vivent dans le pays du Grand-Saint-Bernard. Ce mâle d'une douzaine d'années a été photographié entre le val Ferret et la Combe de l'A.

Le chemin qui mène au col depuis le Valais longe le cours de la Dranse d'Entremont, dont les eaux se joignent au Rhône, 2000 m plus bas. En novembre, ce n'est plus qu'un modeste torrent que la glace et la neige ne tarderont pas à recouvrir.

Dans la Combe-des-Morts, en contrebas du col du Grand-Saint-Bernard, la surface ondulée et striée de certaines roches témoigne du passage des glaciers, il y a des milliers d'années.
De telles roches sont dites moutonnées.

La géologie du Grand-Saint-Bernard

C'EST LORSQU'ON MONTE au col dans un brouillard épais que la nature essentiellement minérale de ce haut lieu apparaît la plus prégnante. Privé de la force du ciel immense qui aspire notre regard et nos pensées, on a alors le sentiment de se déplacer au ras du sol, au plus près des roches rendues plus sombres par l'humidité qui les imprègne. Dans le cercle étroit qui s'offre à notre vue, la pierre prend toute la place, sa place, qui nous ramène aux origines du monde.

La formation d'une chaîne de montagnes comme les Alpes est un phénomène qui met en jeu d'énormes forces naturelles. Tout commence il y a quelque 65 millions d'années, quand l'Afrique amorce une lente dérive vers l'Europe. C'est de cette collision continentale au ralenti que vont naître les Alpes. Autour de 40 millions d'années, les couches rocheuses déformées et plissées vont se soulever jusqu'à de hautes altitudes. Dans le même temps, soumises aux effets de la pression et de l'augmentation de la température, ces roches vont se transformer plus ou moins profondément, au cours d'un processus appelé métamorphisme. Un exemple simple rend bien compte de ce phénomène : l'argile tendre et malléable, qui se métamorphose par l'effet de la chaleur en une céramique dure et cassante. Le soulèvement alpin semble bien être terminé de nos jours, mais l'érosion du relief n'a jamais cessé, et il s'est encore activé pendant les huit périodes glaciaires qui se sont succédé de 1,65 million d'années à 15 000 ans. C'est alors que les immenses glaciers qui recouvraient le Valais et le val d'Aoste ont puissamment modelé le paysage que nous connaissons, et révélé les couches profondes des montagnes.

Les cols sont presque toujours situés à l'emplacement d'une discontinuité géologique, d'une faille ou d'un changement marqué de la nature

Le trait rouge indique approximativement la limite, sur le bord sud du col, entre ces deux grandes unités tectoniques que sont la Zone houillère et la nappe des Pontis. Le croisement entre cette limite et la ligne de partage des eaux est à l'origine de la formation du col du Grand-Saint-Bernard. Les roches moins résistantes de la Zone houillère, côté valdôtain, ont été érodées plus profondément, avec pour conséquence des pentes plus fortes et plus herbeuses que sur le versant valaisan. En effet, la végétation prospère mieux sur les roches émiettées que sur les roches compactes.

des roches. C'est le cas pour le Grand-Saint-Bernard, puisque la ligne de partage des eaux entre le bassin du Rhône et celui du Pô y croise précisément la limite entre deux importants ensembles tectoniques : la nappe des Pontis pour le versant valaisan, et la Zone houillère pour le versant valdôtain. Le col naît de cette délimitation entre une frontière hydrographique et une frontière géologique.

ROCHES TENDRES OU TENACES

La nappe des Pontis et la Zone houillère ont eu une histoire complètement divergente pendant des centaines de millions d'années, avant que la formation des Alpes ne les réunisse en un seul tenant. Leur origine différente est dévoilée par l'érosion, qui creuse plus vite les roches tendres de la Zone houillère que celles, plus tenaces, des Pontis. C'est pourquoi le voyageur qui vient du nord ne peut qu'être surpris par la raideur

L'hospice est dans un paysage aux origines difficilement imaginables

du versant italien juste après le col, qui contraste avec la pente relativement douce et régulière de la montée depuis Liddes. La différence d'érosion explique en grande partie la création d'un passage de plus basse altitude à cet endroit.

UN IMMENSE DELTA
Depuis Liddes et tout au long de la route jusqu'au col, le versant valaisan est constitué presque en totalité de roches métamorphiques. A l'emplacement de ce qui est devenu la haute vallée alpine du val d'Entremont, il faut se représenter le delta immense d'un fleuve, dans lequel s'accumulent et s'entassent des sédiments mélangés, du sable, des graviers et des argiles sur des milliers de mètres d'épaisseur. Parfois, une coulée de lave volcanique s'y intercale. Il y a 350 à 330 millions d'an-

nées, les mouvements de la croûte terrestre ont fait descendre ces sédiments meubles entre 15 et 20 kilomètres sous la surface. C'est là que le creuset des pressions et des températures énormes (+ 600 °C) qui règnent dans ces profondeurs va les transformer, les métamorphiser en roches dures qui n'ont plus rien à voir avec ce qu'elles étaient à l'origine. Les sables et graviers sont devenus des paragneiss, ou encore des micaschistes, s'ils contiennent une plus grande proportion d'argiles. Quant aux roches volcaniques, elles se sont transformées en amphibolites. Plus tard, ces formations rocheuses seront exhumées, déformées et hissées à plus de trois mille mètres d'altitude par la formation des Alpes.
Les roches sombres qui constituent le versant valdôtain sur sa plus grande épaisseur sont

Le sentier qui relie la Grande-Chenalette à la Pointe-de-Drône longe la limite de la Zone houillère. Une couche de charbon mélangé avec des schistes noirs atteste la présence d'une vie organique depuis longtemps disparue. Il y a plus de trois cents millions d'années, bien avant la formation des Alpes, s'étendaient ici de vastes marécages où foisonnaient plantes et animaux.

Page de gauche
Les roches aux arêtes à peine émoussées que l'on trouve sur les pentes de la Chenalette sont des gneiss et des micaschistes.

essentiellement des schistes ardoisiers friables, accompagnés de schistes gréseux ou de conglomérats un peu plus durs. On y découvre aussi parfois de minces couches de charbon, exploitées sporadiquement aux cols de Fenêtre. A partir de ces derniers, des bancs de quartzite et de marbre dolomitique d'épaisseur variable viennent s'intercaler dans les schistes, jusqu'à les remplacer complètement au Pain-de-Sucre, constitué de quartzite massif. La formation de ces roches schisteuses date du carbonifère (360 à 300 millions d'années), époque durant laquelle des sédiments argileux se déposaient dans les vastes marécages d'eau douce et stagnante qui s'étendaient sur cette région. La vie animale et végétale devait y être abondante, car ce sont les restes de carbone issus de matière organique putréfiée qui donnent à ces schistes leur couleur sombre et expliquent la présence de charbon. Plus tard, au permien (300 à 250 millions d'années), une mer de faible profondeur est venue recouvrir ces étendues. Dans les lagunes se sont déposés des carbonates, transformés plus tard en marbre dolomitique, alors que les bancs de sable et les plages deviendront des quartzites. Le faible métamorphisme subi par ces roches explique pourquoi elles sont restées relativement tendres.

PASSAGE ET FRONTIÈRE

Redressées et écrasées l'une contre l'autre par la formation des Alpes, la Zone houillère du versant valdôtain et la nappe des Pontis du côté valaisan sont complètement différentes par leur nature et leur histoire géologique. C'est justement cette différence, ce fort contraste qui permet au col d'apparaître à cet endroit particulier de la chaîne alpine. Ainsi, le Grand-Saint-Bernard est plus qu'une frontière politique, linguistique et historique, il signale également la limite géologique entre deux très anciennes terres disparues.

Stefan Ansermet
Musée cantonal de géologie de Lausanne

Gentiane de Bavière, *Gentiana bavarica*.

Androsace des Alpes, *Androsace alpina*[1].

Renoncule des glaciers, *Ranunculus glacialis*.

Joubarbe des montagnes, *Sempervivum montanum*.

Primevère hérissée, *Primula hirsuta*.

La multitude des fleurs sauvages

ENTRE 2500 et 3000 mètres d'altitude, la nature du Grand-Saint-Bernard est bien celle de l'étage alpin, avec ses pelouses, ses éboulis, ses parois rocheuses. Quand le vent souffle, qu'il neige, que la brume voile d'un coup le relief, puis le dévoile, on se sent là-haut comme dans les terres arctiques, dans un milieu extrême. A l'issue d'un hiver long de huit mois, la neige se retire. Au col, le lac dégèle, prémices de températures meilleures. D'un coup, la montagne se pare d'une multitude de fleurs sauvages.

Le simple promeneur qui se plaît à évoluer aux alentours du col appréciera la diversité de leurs formes et de leurs couleurs. Les espèces florales sont là-haut si nombreuses, la région si vaste qu'un été ne suffit pas à les voir toutes. On remarque tout d'abord que la plupart poussent au ras du sol. C'est l'une de leurs caractéristiques, le résultat d'une évolution qui s'est faite pendant des millions d'années. Elles sont ainsi protégées du vent et profitent mieux de la chaleur du sol. On voit certaines espèces se développer en coussinets très denses, alors que d'autres croissent de manière isolée. Certaines développent des feuilles coriaces, qui retiennent l'eau, d'autres se couvrent de poils contribuant à réduire l'évaporation. Elles ont toutes en commun de devoir vivre vite, c'est-à-dire éclore et se reproduire en quelques semaines. L'envie de les connaître un peu mieux nous fait rechercher leurs noms.

A force de crapahuter de combe en col, d'arête en sommet, on se familiarise avec les préférences d'habitat de ces créatures éphémères. Le plateau herbeux et ensoleillé des lacs de la Chenalette est tapissé d'azalées, de pulsatilles du

---

1. *En Suisse, toutes les androsaces sont strictement protégées par prescription fédérale. D'une manière générale, il est préférable de s'abstenir de prélever les espèces sauvages. Les fleurs présentées dans ces pages ont été photographiées dans les environs de l'hospice, à moins de deux heures de marche.*

Pulsatille du printemps, *Pulsatilla vernalis*.

Pensée éperonnée, *Viola calcarata*.

Pulsatille soufrée, *Pulsatilla sulphurea*.

printemps, de pulsatilles soufrées, de pensées éperonnées qui ont jailli de terre dès les premières chaleurs.

LE JARDIN DES CHANOINES

La renoncule des glaciers s'épanouit dans les pierriers de la Pointe-de-Drône, la gentiane des Alpes va germer et fleurir dans l'humus de petits replats de la face sud du Mont-Mussolini, la joubarbe dans les pelouses pierreuses en bas du versant sud de la Fenêtre-de-Ferret, la gentiane de Bavière dans les hauteurs de son versant nord. Les éboulis entre Pain-de-Sucre et Mont-Fourchon, contrées minérales et austères où l'on ne flâne pas, sont propices à l'éclosion de l'androsace et de la saxifrage à feuilles opposées, etc. Ce n'est là que l'ersatz d'un univers sans fin, où se cache l'edelweiss, la plus célèbre des fleurs

Azalée des Alpes, *Loiseleuria procumbens*.

Saxifrage à feuilles opposées, *Saxifraga oppositifolia*.

Gentiane des Alpes, *Gentiana alpina*.

alpines. Les chanoines du Grand-Saint-Bernard ont longtemps entretenu un jardin alpin, au bas des pentes méridionales de la Chenalette. Subventionné par l'Etat jusqu'à la fin du XIXe siècle, ce jardin était encore travaillé de manière savante dans les années 1960, avant de tomber progressivement en désuétude, faute d'un renouvellement des naturalistes. Seuls vestiges, des murets de pierres sèches sertis parmi les rochers et, remisé quelque part, un lot d'étiquettes en métal gravées de noms vernaculaires et latins.

Pour finir, la flore étant parfois à déguster, on citera le génépi *(Artemisia genipi)*, plante aromatique attachée aux éboulis ainsi qu'aux pelouses pierreuses, qui donne une liqueur vertueuse, très appréciée au col du Grand-Saint-Bernard. *P. R.*

Page de gauche, en haut
Le chocard à bec jaune (Pyrrhocorax graculus) est sans doute l'oiseau le plus visible dans les Alpes, où il peut voler, souvent en bandes, jusqu'à 4000 m d'altitude.

Page de gauche, en bas
Le pays du Grand-Saint-Bernard est l'habitat typique du lagopède alpin (Lagopus muta). Sa population dans les Alpes a cependant diminué d'un tiers depuis 1990.

L'aigle royal (Aquila chrysaetos) peut être aperçu survolant le col du Grand-Saint-Bernard à la recherche de proies. Dès le retrait de la neige, après plusieurs mois d'hibernation, les marmottes (Marmota marmota) surgissent de leurs terriers.

Les animaux de l'été

POUR LE PASSANT sensible à la vie sauvage qui règne en altitude, les oiseaux sont souvent les premiers à se faire entendre et à se montrer. Dans l'étude que le chanoine Nestor Cerruti a publiée en 1935, intitulée *Les oiseaux du Grand-Saint-Bernard,* l'auteur recense 63 espèces, qu'il a observées directement ou bien dont la présence a été attestée. Le groupe le plus important est celui des migrateurs, que l'on voit partir vers le sud au début de l'hiver et réapparaître au printemps. Le pipit spioncelle et le traquet motteux sont de ceux-là, qui nichent en été dans les environs du col. Les hirondelles, elles, ne font que passer. Cerruti relate que, vers 1895, des centaines de ces passereaux, « surpris par la tempête, pénétrèrent dans les corridors, se perchèrent sur les corniches où ils passèrent un jour et deux nuits. Le lendemain, le temps s'étant remis au beau, ils continuèrent leur voyage. » S'il fallait un signe de complicité entre l'hospice et la nature environnante, c'en fut un. Les observations léguées par les naturalistes ont ceci d'important qu'elles permettent, au fil du temps, de constater l'évolution du milieu et des espèces qui y vivent.

Concernant les chocards, à propos desquels Cerruti remarque qu'à son époque déjà on commettait fréquemment l'erreur de les nommer choucas, il observe que leurs bandes « excursionnent assez rarement au-dessus de l'hospice ». Aujourd'hui, ils sont omniprésents, facilement reconnaissables à leurs pattes rouges et à leur bec jaune. Leur recrudescence s'explique par l'abondance, en hiver, des détritus de cuisine jetés du côté du Mont-Mort. Une évolution plus spectaculaire, sous forme de déclin, se constate chez le lagopède alpin, ou perdrix des neiges, que l'auteur classe parmi les espèces sédentaires, de celles « qui ne nous quittent en aucune saison ». Il rapporte avoir observé des colonies d'une trentaine d'oiseaux, et cite des chasseurs selon lesquels « on en voyait autrefois des bandes considérables de 50 à 80 ». Apercevoir un couple au printemps ou en automne, avec le plumage en cours de mue, est désormais un petit événement. Ces gallinacés n'ont pas disparu, on les entend en hiver qui gloussent dans la végétation arbustive en bas du col, côté valaisan, mais les bandes se font rares. Autre déclin, celui de l'aigle royal. A l'époque de Cerruti, des couples étaient

Vue des trois Lacs et du glacier du mont Vélan à ½ lieu au dessus du couvent

présents au Pain-de-Sucre, sur le versant italien de Barasson et à Saint-Rhémy. Aujourd'hui, le seul couple connu localement niche à Bourg-Saint-Pierre. Un jeune, repérable aux taches blanches dans son plumage, a été photographié survolant l'hospice en septembre 2012. Même en été, le col n'est pas un vrai lieu de chasse pour ce prédateur ailé. Les marmottes dont il raffole préfèrent d'autres terres que celles de la Chenalette et du Mont-Mort, où le sol maigre est en effet peu propice à l'aménagement de leurs terriers. Elles n'en sont pas absentes pour autant. Les marmottes figurant au pinacle des intérêts touristiques en matière de vie sauvage, combien de randonneurs, partis de l'hospice pour gravir les pentes environnantes, ont été charmés à la vue de ces silhouettes brunes et rebondies se faufilant parmi les roches!

Avec ces sympathiques rongeurs s'ouvre le chapitre des mammifères. Camouflés par leur livrée, l'hermine et le lièvre variable demeurent extrêmement furtifs. Au col, en été, les bouquetins sont en revanche visibles, plus rarement les chamois. Les images anciennes constituent d'autres sources précieuses pour apprécier l'évolution de leurs populations. A en croire une scène peinte en 1825-1830 par Jean-Pierre Lamy, les chamois étaient très présents en été dans la région des lacs de la Chenalette. Aujourd'hui, on y voit occasionnellement de beaux troupeaux de bouquetins, mais guère de chamois. Deux raisons au moins peuvent expliquer ce changement.

SURVIVRE

Lamy avait simplement plus de chances d'apercevoir des chamois, puisque le bouquetin était en son temps une espèce en voie d'extinction, qui n'allait être sauvée qu'in extremis à la fin du XIXe siècle. D'autre part, la route du col était loin d'être construite et seuls quelques promeneurs empruntaient les sentiers environnants. Les chamois, animaux farouches, trouvaient au col la tranquillité qui leur convient, alors que l'animation qui y règne désormais en période estivale les inquiète. Pour tenter d'en apercevoir à proximité de l'hospice, il faut scruter patiemment les pentes occidentales de la Chenalette et du Mont-Mussolini,

Plus farouches que les bouquetins, les chamois se montrent désormais rarement en été sur les pentes qui dominent le col.

Page de gauche
Cette estampe montre qu'au XIXᵉ siècle, les chamois (Rupicapra rupicapra) fréquentaient en été les lacs de la Chenalette, juste au-dessus de l'hospice. Jean-Pierre Lamy, 1825-1830.

à l'écart des itinéraires de randonnée. Les bouquetins acceptant mieux la proximité des humains, on les rencontre souvent en été ou en automne sur les pentes au nord et au sud de l'hospice. Selon Jérémie Darbellay, garde-chasse responsable du secteur du val Ferret et de la Combe-de-l'A, « la colonie de bouquetins dans le pays du Grand-Saint-Bernard compte une centaine d'individus. Un troupeau d'une trentaine d'étagnes et de jeunes passe tout l'été entre les Monts-Tellier et la pointe des Planards. A la même période, les mâles se répartissent en petits troupeaux pouvant compter jusqu'à 15 individus. Ce sont de grands rôdeurs, qui vont se déplacer entre le Mont-Fourchon, la Chenalette et la pointe de Drône. » L'étagne est la femelle du bouquetin, la chèvre celle du chamois. Le cabri est indifféremment le petit de chaque espèce. Au moment de la mise bas, de mai à juin, les comportements diffèrent. La chèvre, première à l'œuvre, se contentera d'un lieu discret et isolé, par exemple une vire herbeuse. L'étagne, de son côté, cherchera un endroit presque inaccessible. Excellents grimpeurs, les bouquetins n'ont aucune difficulté à se mouvoir le long des arêtes et dans les parois, capacité qu'ils doivent notamment à la sole souple de leurs sabots. Les chamois ne démontrent pas la même aisance, mais, cousins des antilopes, peuvent se livrer à d'incessantes courses-poursuites pendant le rut et dévaler les pentes à grande vitesse.

Même adaptées au milieu alpin, où elles trouvent leur nourriture, les deux espèces doivent déployer des forces considérables pour survivre. Selon le garde-chasse, « la période la plus critique survient entre la fin du mois de février et la fin avril. Ces herbivores ont alors épuisé toutes leurs ressources. Un coup de froid, un dérangement par des skieurs peuvent les achever. A la fin de l'hiver, on trouve de nombreuses carcasses d'animaux qui n'ont pas survécu. Certains ont déroché, d'autres ont été pris par des avalanches. » *P. R.*

Les randonneurs qui découvrent une carcasse de chamois ou de bouquetin dans les secteurs du Grand-Saint-Bernard, du val Ferret ou du val d'Entremont sont invités à le signaler auprès de l'un des deux gardes-chasse. Jérémie Darbellay 079 355 39 10. Jean-Marcel Délitroz 079 355 39 08.

Randonnées, pèlerinages et camps de montagne.
Avec les chanoines vers le sommet véritable.

Célébration de l'Eucharistie par Gratien Volluz, chanoine du Grand-Saint-Bernard et guide de montagne, dans les années 1960.

Lors d'un camp de montagne organisé à l'hospice du Grand-Saint-Bernard, des adolescents font l'ascension du Vélan (3727 m), guidés par Niels Leiggener, moniteur Jeunesse et Sport.

L'impulsion sacrée de Gratien Volluz

Face à face avec le rocher et le long des crêtes enneigées, Gratien Volluz a permis de renouveler le charisme de l'hospitalité bernardine.

LES GENS du Grand-Saint-Bernard ont toujours marché dans la montagne, dès les premiers instants de leur congrégation, lorsque Bernard est monté au col avec ses compagnons pour bâtir l'hospice. Au cours des siècles, les chanoines n'ont eu de cesse de parcourir les deux versants du col à la rencontre des passants, pour les aider à rejoindre la maison providentielle et à franchir la montagne. Mais les débuts du tourisme dans les Alpes au XIXe siècle, puis l'ouverture de la route et enfin le percement du tunnel de 1958 à 1964 allaient modifier considérablement le rôle de l'hospice sur le col. Conscient de la nécessité d'adapter la vocation hospitalière aux nouveaux besoins générés par la modernité, dans les années 1960, le chanoine Gratien Volluz écrit alors : « Il nous faut retrouver, sous un visage nouveau, une forme de pérégrination qui existe depuis que Dieu a jeté l'homme dans l'existence. »[1] Pour renouer avec cette forme de pérégrination immémoriale, Gratien se fonde sur son expérience de l'alpinisme. « La montagne, selon lui, doit nous apprendre à dépasser le temps pour atteindre l'être, à dépasser les trépidations de ce monde pour participer peu à peu à l'intériorité, à la tranquillité, à la paix de Dieu en qui il n'y a ni passé, ni futur, mais le présent éternel. La montagne peut nous aider à vivre dans le présent de Dieu. »[2]

Gratien est un enfant des hauteurs. Né dans une famille paysanne de la commune d'Orsières, il grandit en gardant les troupeaux dans les alpages. A 6 ans, il participe avec ses parents à un pèlerinage jusqu'à l'hospice du Grand-Saint-Bernard. Lorsqu'il entre au noviciat, en 1951, à l'âge de 22 ans, il porte déjà en lui ce lien entre cheminement en montagne et présence de Dieu : « La vie de la grâce est une varappe. La corde, c'est la grâce qui ne manque jamais. Dieu assure toujours d'en haut ; parfois, dans les passages difficiles, il tire sur la corde. »[3] En 1957, il reçoit le diplôme de guide de montagne. Sa vocation de prêtre s'incarnera dans les cordées, le long des voies rocheuses et des crêtes enneigées. A l'hospice du Simplon, où il est prieur dès 1959, Gratien organise des séjours au cours desquels il propose une initiation à la varappe et l'expérience d'une vie sobre, axée sur la réflexion spirituelle et la prière. L'impulsion est donnée : les pèlerinages alpins et les camps de montagne contribueront à façonner « le visage nouveau » de l'hospitalité bernardine.

FACE AU MONDE, FACE AUX AUTRES

En route vers un sommet, Gratien veut se rapprocher du Christ, «la plus haute montagne, le sommet véritable». Sa volonté de s'élever serait vaine si elle n'était portée en premier par son attention à l'égard des autres. Qualité manifeste pour ceux qui l'ont connu, et qui se retrouve dans ses écrits, au moment d'évoquer le renouveau de l'hospitalité: «Accueillir des hommes, c'est ouvrir son cœur à toutes leurs misères, c'est prêter l'oreille à tous leurs cris de détresse, leur être secourable dans toutes les tempêtes…»[4]

Son expérience lui fait voir la montagne comme une école de vérité, «parce qu'elle nous révèle à nous-mêmes, tels que nous sommes, sans fard et sans bluff. Et cela d'abord par le silence – dont on a si peur aujourd'hui – le grand silence qui permet de se retrouver soi-même loin de tous les divertissements, de nous recueillir face à nous-mêmes, face au monde, face aux autres, face à tous. (…) Révélation aussi de ce que nous sommes vraiment dans l'affrontement même de l'obstacle. Là, pas de tricherie possible: ou bien on passe, ou bien on ne passe pas. Devant la difficulté, passez-moi le terme, la «grande gueule» ne suffit plus. On est ce que l'on est et le rocher nous juge.»[5] Son caractère entier, l'ardeur de sa foi, sa joie à partager devaient marquer profondément ses compagnons de cordée. Le chanoine Paul Bruchez, qui fit de nombreuses courses d'escalade avec Gratien, évoque son charisme: «Gratien a approfondi les valeurs spirituelles liées à la pratique de la montagne, soit le sens de l'effort, le dépouillement, la simplicité de vie, la solidarité. En connaissant mieux ces valeurs, on se connaît mieux soi-même. Gratien m'a rendu plus sensible.»

Le chemin terrestre de Gratien s'interrompt brusquement. Le 12 août 1966, il fait une chute mortelle lors d'une course dans les gorges de Gondo. Parmi ses nombreux écrits, le chanoine du Grand-Saint-Bernard laisse la *Prière du pèlerin de la montagne*, qui s'achève par cette louange: «Créé par amour, pour aimer, fais Seigneur que je marche, que je monte, par les sommets, vers Toi, avec toute ma vie, avec tous mes frères, avec toute la création, dans l'audace et l'adoration.» *P. R.*

---

1. *Du nouveau au Grand-Saint-Bernard*, 1960
2. *Réflexions sur la montagne*, 1958-1962
3. *Carnet*, 1951
4. *Du nouveau au Grand-Saint-Bernard*, 1960
5. *Conférence au Club suisse des femmes alpinistes (CSFA)*, Lausanne, 4.12.1960

Les randonnées proposées par le Grand-Saint-Bernard en collaboration avec Raymonde Fellay, accompagnatrice en montagne, sont de vrais voyages. Pendant cinq jours, les randonneurs cheminent à travers les montagnes en compagnie d'un ou de plusieurs religieux de la congrégation.
Ci-contre
Raymonde Fellay (veste bleue) aide au franchissement d'un passage étroit, pendant la descente du col de la Forclaz, sur l'itinéraire du tour des Muverans.
Page de droite
Quel que soit l'itinéraire, chaque randonnée est ponctuée de moments inoubliables, dans l'échange ou le silence. Jour après jour, le cheminement devient intérieur.

L'hospitalité en chemin

AU DÉBUT des années 2000, un programme de randonnées est organisé par l'hospice du Grand-Saint-Bernard, sous l'impulsion de Raymonde Fellay, accompagnatrice en montagne. Raymonde a participé pendant quinze ans aux week-ends bibliques animés par Bernard Gabioud, alors prieur de l'hospice. Chaque été, elle propose trois randonnées de cinq jours. Sa formation d'accompagnatrice lui permet de préparer les itinéraires de manière rigoureuse et, une fois en route, de veiller efficacement à la sécurité du groupe. Les niveaux de difficulté sont de trois degrés, facile, difficile et très difficile, permettant à chacun d'y participer selon ses capacités. Le tour des Dents-du-Midi, le tour des Muverans sont accessibles à toutes et à tous ; le tour du Wildhorn ou le tour des Combins, qui présentent des dénivelés de 1000 m et requièrent six à sept heures de marche quotidienne, sont des itinéraires beaucoup plus exigeants. En plus de guider les marcheurs à travers les montagnes, Raymonde a le don de partager ses connaissances au sujet de la flore, de la faune, de la géologie et de l'histoire des lieux.

NOUVELLE CATHÉDRALE

A ses côtés cheminent toujours un ou plusieurs religieux de la congrégation. Leur présence confère à chaque randonnée sa véritable dimension. Avancer ensemble dans la beauté et la rudesse de la montagne, jour après jour, incite à l'intériorisation et au partage. Entre gens qui ne se connaissaient pas, la confiance s'instaure, des liens se tissent. Plusieurs temps de prière rythment la journée. Selon la clémence du ciel, la messe est célébrée dans le courant de l'après-midi. L'autel est alors érigé en pleine nature, avec la nappe blanche, le calice et la patène disposés sur des pierres ou des sacs empilés. Un moment qui émerveille Raymonde : « Chaque fois, c'est une nouvelle cathédrale. » Lorsque Gratien Volluz, dans les années

Les camps organisés chaque été au Grand-Saint-Bernard par le guide Pierre Darbellay permettent à des adolescents de s'initier à l'escalade et à l'alpinisme, tout en vivant une expérience humaine et spirituelle fondatrice.

Page de droite
Des collégiens d'Orsières sur un petit sommet à proximité de l'hospice, lors d'un camp hivernal organisé par le guide Eric Berclaz. La montagne est une école de vie, où les adolescents apprennent à se connaître.

soixante, donne un souffle nouveau à l'hospitalité bernardine, il en appelle à «l'organisation de camps des neiges, avec les guides, pour trouver une nourriture spirituelle à travers la pratique de l'alpinisme.»* L'intuition de Gratien s'est concrétisée dans les deux hospices du Grand-Saint-Bernard et du Simplon. Chaque été depuis 2002, au mois de juillet, le guide Pierre Darbellay organise et conduit au Grand-Saint-Bernard des camps d'initiation à l'alpinisme et à l'escalade, pour des adolescents de 12 à 15 ans. Pierre a d'abord pris part à ces camps lorsqu'il était lui-même adolescent, puis les a accompagnés en tant que moniteur Jeunesse et Sport. Entre 15 et 30 jeunes y participent, encadrés de guides et de moniteurs. Les quatre premiers jours, ils apprennent à s'encorder et pratiquent l'escalade le long d'arêtes ou de voies équipées de pitons. Ils s'initient également au maniement du piolet, en glissant dans les névés aux alentours du col. Les enfants sont de différents niveaux, «mais à cet âge, ils s'adaptent très vite, témoigne le guide. D'emblée, ils s'entraident.» Puis ils partent pendant deux jours en haute montagne faire l'ascension d'un sommet, le Vélan, le Combin de Corbassières ou le Mont-Gelé. Pour Pierre, «le but est de faire de la montagne ensemble. Au fil des jours, ces jeunes se découvrent mutuellement et nous apprenons à les connaître, car ils montrent d'eux-mêmes, surtout dans l'effort.»

GAGNER EN SOLIDARITÉ
En hiver, pendant les semaines précédant Pâques, d'autres adolescents viennent à leur tour faire l'expérience de la montagne au Grand-Saint-Bernard. Les écoles de Bagnes et d'Orsières organisent des camps de quatre jours avec les deux hospices. Chaque camp rassemble une soixantaine de jeunes, répartis en petits groupes conduits par des guides. Parmi eux, Eric Berclaz, qui accompagne ces

* La vocation des frères alpins, mai 1961-juillet 1965.

Le sommet est un merveilleux prétexte
pour permettre aux jeunes d'être ensemble

camps depuis 1986. Dans la journée, lorsque les conditions météorologiques le permettent, les jeunes s'en vont à skis de randonnée vers les sommets proches du col. Les guides leur apprennent à évaluer les risques du terrain : « Nous tentons de faire de la prévention en les initiant à observer la nature, explique Eric. Je les incite à se poser les bonnes questions par rapport aux conditions. D'où vient le vent ? Quelle sera la qualité de la neige en fonction des précipitations et de l'exposition de la pente ? » Certains jeunes sont expérimentés, d'autres savent à peine skier. Eric témoigne de leur évolution au cours du séjour : « Ils deviennent plus tolérants les uns vis-à-vis des autres. Ils gagnent en solidarité, surtout lorsque les conditions s'avèrent un peu difficiles. » L'accompagnement spirituel est offert de la même manière que pour les camps d'escalade et d'alpinisme. Chaque matin, l'oblate Anne-Marie Maillard rencontre les jeunes pour leur proposer une parole biblique en lien avec la montagne. Le soir, elle les retrouve et les invite à partager ce qu'ils ont vécu au cours de la journée : « Nous sommes là pour aider ces jeunes à prendre conscience de ce qui les habite. » La crypte leur est ouverte pour des temps de prière ; une messe conclut leur séjour.

MARCHER AVEC L'AUTRE

A ces différentes démarches, qui s'inscrivent dans le rayonnement de l'hospitalité bernardine, s'ajoute l'expérience du pèlerinage. Plus

Lorsque Joseph Yang, chanoine du Grand-Saint-Bernard, célèbre la messe lors d'une randonnée, la montagne devient une cathédrale. Ainsi que le disait Gratien Volluz : « La montagne nous aide à découvrir notre dimension cosmique, c'est-à-dire notre vraie place dans l'univers. »

Page de droite
Les pèlerinages alpins sont organisés chaque été par la communauté religieuse de l'hospice du Grand-Saint-Bernard. Pour les chanoines, « l'essentiel du cheminement est de rejoindre le cœur de l'homme ».

Le chemin culmine dans l'eucharistie, célébrée dans la beauté de la montagne

brefs que les randonnées, mais animés par un même esprit d'itinérance et de découverte intérieure, les pèlerinages organisés par l'hospice ont lieu durant quatre week-ends des mois de juillet et d'août. Il s'agit toujours du même parcours, sans difficulté technique : en cinq à six heures de marche, on relie le val Ferret à l'hospice, en franchissant le col de Fenêtre. Les pèlerins viennent de Suisse romande, du Val d'Aoste et de la France voisine.

VERS UNE PLUS GRANDE COMMUNION
Il y a des personnes qui connaissent l'hospice depuis des années et qui reviennent à chaque pèlerinage. D'autres qui participent pour la première fois et qui souhaitent vivre une expérience nouvelle ; d'autres encore qui se sont éloignées de l'Eglise et cherchent un ressourcement. D'une manière ou d'une autre, tous ces gens sont pèlerins, en quête d'une réalité spirituelle. Un thème de réflexion leur est proposé, puis ils se mettent en route. Répartis en petits groupes, ils cheminent à leur rythme, s'arrêtent, discutent, repartent. Le partage est fondateur ; on ne marche pas seul, mais avec l'autre. En s'orientant vers l'hospice, le pèlerin est appelé à rejoindre son propre cœur. Pour Anne-Marie, qui anime régulièrement ces pèlerinages, « chaque pas est vers une plus grande communion. C'est un mystère. En me laissant toucher par l'autre, je me laisse toucher par le Seigneur. En même temps, cette démarche n'est jamais qu'un moyen de vivre une plus grande humanité. » *P. R.*

Dialogues avec le réel

LE CHANOINE Bernard Gabioud est de ceux qui ont été profondément marqués par le charisme de Gratien Volluz. Prieur de l'hospice du Grand-Saint-Bernard de 1992 à 2001, il témoigne de son expérience de prêtre et de guide de montagne*.

•••

« La montagne a vraiment été une école de vie. Ça a façonné ma foi, c'est-à-dire ma confiance. J'ai beaucoup appris en montagne à avoir confiance et à faire confiance. S'il n'y a pas cette dimension, on ne va pas très loin. Ma manière d'être prêtre, c'est de m'incarner dans la pâte humaine, d'être avec les autres, pour les joies et les peines, pour les moments heureux et les moments difficiles. Ma manière d'être guide, c'est d'abord d'être à l'écoute de l'autre, à l'écoute de son aspiration la plus profonde, et de le tenir à ce niveau-là de son être, en lui offrant mes compétences pour l'assurer, pour trouver le bon passage, pour trouver le rythme. Pour que l'autre, avec ce qu'il est, puisse parvenir au sommet. Prêtre et guide sont deux lieux qui se côtoient. C'est une manière d'être avec l'autre. Pour aider l'autre à grandir, à donner toute sa mesure, à réaliser le désir profond qui l'habite. »

•••

« Au tout début de ma carrière de guide, je me suis rendu compte, à mes dépens, que je devais respecter la montagne. J'ai eu un accident qui aurait pu me coûter la vie. J'ai chuté dans la face nord du Badile, en traversant une vire. Il y avait un petit névé. Je me suis dit que je pouvais le traverser en trois ou quatre pas. Une fois dessus, j'ai vu que ça ne tenait pas. La neige était dure comme du béton. J'ai voulu me retourner. J'ai fait 80 m de chute. Ça a été un moment fondateur de mon expérience humaine. Il fallait que je respecte le lieu où je me trouve comme je respecte les autres, et que je vive en dialogue avec ce qui est en face de moi. En dialogue, c'est à dire être à l'écoute, ne pas croire je sais mieux ou que je sais déjà tout à l'avance. »

•••

« Cette expérience m'a finalement permis de vivre une relation plus ajustée à la montagne, mais aussi une relation plus ajustée aux autres, suscitant en moi le désir d'être toujours à l'écoute de l'autre. Si l'autre résiste, eh bien c'est une chance, car je n'ai pas à vouloir vaincre où dominer ! C'est pour ça que je n'aime pas quand on dit qu'on a vaincu la montagne ; on a été dans un dialogue avec elle, la montagne m'a offert les prises, les fissures pour pouvoir faire un pas de plus. La même chose dans la relation à l'autre. Souvent, nos relations ne sont pas ajustées parce que nous voulons avoir raison, alors on domine. Je cherche toujours à être en dialogue, pour que l'autre m'offre un espace, une prise, une faille où je peux entrer un petit peu pour pouvoir dialoguer. »

•••

« La montagne m'a aidé à vivre une relation plus ajustée avec la transcendance. Pour moi, il n'y a pas quelqu'un au-dessus de moi. Je ne veux pas être au-dessous de qui que ce soit. Je veux être dans une relation de face-à-face. Celui qu'on appelle Dieu, ce mystère, n'est pas au-dessus, il est au plus profond de moi, plus intime à moi-même que moi-même. C'est une réalité mystérieuse qui m'habite et qui vient donner le

Le chanoine Bernard Gabioud, pour qui la pratique de la montagne ouvre avant tout à la dimension sacrée de l'être humain.

souffle, l'élan, le dynamisme à mon expérience humaine. Dans la montagne, je ne me sens pas plus petit, je ne me sens pas écrasé, mais plus humble. C'est tout différent. Plus humble, c'est-à-dire plus près de moi-même, de ce que je suis, donc plus grand. »

• • •

« Cette relation à la transcendance va m'aider à vivre ma relation avec ceux qui sont avec moi en cordée. C'est là que se vit la relation de transcendance avec Dieu, d'humain à humain. La corde est le symbole du lien. Elle relie des vies. Si l'autre glisse, je ne coupe pas la corde. C'est incroyable, comme expérience humaine et spirituelle, d'être liés à la vie et à la mort. Si je suis dans un passage délicat, que je regarde le copain, ma vie est dans sa main. Si je fais un faux pas, il me tient, il ne me lâche pas, ça me donne la liberté d'oser risquer. J'ai droit à l'erreur. Dans le monde d'aujourd'hui, vous n'avez pas droit à l'erreur. C'est inhumain. Tandis que d'être assuré par quelqu'un, ça me donne droit à l'erreur, ça me libère, et ça me permet justement de dépasser les obstacles. Pour moi, Jésus-Christ, c'est ça. Il est venu se relier à moi. Si je dérape, si je tombe dans nos enfers humains, il me dira : « Je t'assure, je t'aime, tu peux repartir. »

• • •

« Pendant plusieurs années, j'ai organisé des semaines d'initiation à l'alpinisme pour les adolescents. A la fin de chaque semaine, on prenait le temps de relire ce qu'on avait vécu, en posant cette question : « Qu'est ce que je veux emporter comme trésor sur lequel construire mon histoire, ma vie, mon avenir ? » Le petit Mathieu, qui avait 11 ans et demi, nous a dit : « Moi, ce que je retiens, c'est quand j'étais sur le rocher, en train d'assurer mon copain, j'ai compris que je tenais dans mes mains la vie d'un autre. » Un gars de 11 ans et demi qui fait cette expérience, je trouve cela extraordinaire. Pour moi, c'est ça, la responsabilité, la liberté. »

• • •

« Je résiste toujours un peu quand on parle de spiritualité de la montagne. Pour moi, la montagne n'a pas de spiritualité. C'est un tas de cailloux, qui est merveilleux, bien sûr, qui est beau, mais la spiritualité n'est pas dans la montagne, elle est en moi. Pour moi, la montagne n'est pas un lieu sacré ; il n'y a qu'une réalité sacrée, c'est la personne humaine. Mais c'est dans ma relation avec la montagne, lors d'une longue marche ou d'une ascension que je vais devenir un peu plus ce que je suis, un peu plus humain. »

• • •

« L'originalité de celui qui tente l'escalade d'une montagne consiste en sa présence dans l'instant. Il faut que je sois totalement là, dans ce que je fais, dans le geste. J'appelle ça le temps vertical, qui donne le goût de l'éternité, le goût de la plénitude. Cette totale présence à l'instant provoque une cohérence, une unification de ma vie. Le temps ne coule plus, il jaillit. Gratien Volluz disait : « Il faut tailler dans le roc les marches de l'ascension vers le Père. » Tailler dans le roc, donc dans le réel, dans des situations fondatrices, mon ascension vers le Père, vers le sommet, vers la source. »

* *Extraits d'une conférence donnée à la Faculté de théologie de l'Université de Lausanne, le 12 mai 2011.*

SOURCES DES PHOTOGRAPHIES ET DES ILLUSTRATIONS

d: image de droite; g: image de gauche; h: image du haut;
c: image du centre; b: image du bas.

AGSB: Archives de la congrégation
MCV: Musées cantonaux du Valais
MH: Musée d'histoire naturelle, Berne
MVM: Médiathèque Valais Martigny

Couverture. g: Stefan Ansermet; dh-db: Andrea Alborno
Premier rabat: Andrea Alborno
Second rabat: Stefan Ansermet
2-3: Andrea Alborno; 5: Odile Meylan; 6-7: MVM; 8-9: Odile Meylan.

SAINT BERNARD D'AOSTE. 10: Andrea Alborno; 11: Nicolas Hug; 12 g: Paolo Robino*; 12 d: Andrea Alborno; 13 h: AGSB; 13 b: MVM; 14: Stefan Ansermet; 15 h: AGSB; 15 b-16: Stefan Ansermet; 17: MVM; 18: Andrea Alborno; 18 b: Stefan Ansermet; 19 h: MVM; 19 b: Stefan Ansermet; 20 h: Palo Coleman; 20 b: Pascal Coderay; 21 h: MVM; 21 b: AGSB; 22: Pascal Coderay; 23: MVM.

LA CONGRÉGATION DU GRAND-SAINT-BERNARD. 24: George-André Cretton; 25 à 27: Stefan Ansermet; 28 à 30: MVM; 31: AGSB; 32 à 35: George-André Cretton sauf 33 b: sœur Anne-Marie Maillard; 36: chanoine Michel Praplan; 37 h: Pascal Coderay; 37 b: Michael Krier; 38 h et 39: Stefan Ansermet; 38 b: AGSB; 40 à 43: Andrea Alborno; 44 à 49: MVM.

VIVRE À L'HOSPICE. 50: Andrea Alborno; 51: Sébastien Féval; 52: Nicolas Hug; 53: Odile Meylan; 54: Andrea Alborno; 55: sœur Anne-Marie Maillard; 56: Nicolas Hug; 57: Pierre Rouyer; 58: Andrea Alborno; 59 hg-hd-chg-cbd-bg: Andrea Alborno; 59 chd: Nicolas Hug; 59 cbg: Sébastien Féval; 59 bd: Pierre Rouyer; 60-61: Nicolas Hug; 63 à 65: Andrea Alborno sauf 65 h: Pierre Rouyer; 66-67 h: Sébastien Féval; 67 b: Andrea Alborno; 68: Odile Meylan; 69: Andrea Alborno; 70-71: Pierre Rouyer.

LE TRÉSOR D'ÉGLISE. 72 à 90: Stefan Ansermet sauf 74 et 86 d: Andrea Alborno; 89 h: MVM; 91: MVM.

LES CHANOINES, LES MARRONNIERS ET LEURS CHIENS. 92: AGSB; 93: Andrea Alborno; 94-95: MVM; 96-97 h: AGSB; 97 b: MVM; 98: MVM; 99: MH; 100: collection Joseph Vuyet; 101-103: MVM; 104: Iris Kürschner/Powerpress; 105 h: Andrea Alborno; 105 b: Linda Pfammatter.

PASSANTS D'HIER, PASSANTS D'AUJOURD'HUI. 106: Andrea Alborno; 107-108 h: MVM; 108 b: Stefan Ansermet; 109 h: AGSB; 109 b-110: MVM; 111: AGSB; 112: collection Joseph Vuyet; 113: Philippe Dubath; 114-115-116 h: MVM; 116 b: AGSB; 117: Nicolas Hug; 118: Pascal Coderay; 119 à 121: Andrea Alborno.

LES ARCHIVES. 122 à 137: AGSB sauf 132 b et 135 b: Stefan Ansermet.

LE MUSÉE. 138 à 140: Stefan Ansermet; 141: MVM; 142-143: Stefan Ansermet sauf 142 d: AGSB; 144 h: Robert Hofer/MCV; 144 bg-bd: Stefan Ansermet; 145 h: MVM; 145 c: Stefan Ansermet; 146: MVM; 147 à 167: Stefan Ansermet sauf 151 hg: AGSB.

LA NATURE DES ALPES. 168: Pierre Rouyer; 169: Jérémie Darbellay; 170 à 173: Stefan Ansermet; 174 à 177: Pierre Rouyer; 178 h: Odile Meylan; 178 b: Alexandre Scheurer; 179 h: Nicolas Hug; 179 b: Alexandre Scheurer; 180-181: Nicolas Hug; 182: AGSB; 183: Alexandre Scheurer.

RANDONNÉES, PÈLERINAGES ET CAMPS DE MONTAGNE. 184: Pierre Darbellay; 185 à 187: MVM; 188: Loïc Baumard; 189 hgd-chg: Jean-Charles Des Guerrots; 189 chd: Loïc Baumard; 189 cbg: Anne-Christine Prével; 189 cbd: Valérie Thibault; 189 bg: abbé Claude Muslin; 189 bd: Marianne Bonvin; 190: Karine Sarrasin; 191: Eric Berclaz; 192: Rémi Charmillot; 193: Andrea Alborno; 194: Pierre Darbellay; 195: AGSB.

196: José Mittaz; 198: MVM; 199 b: Jean-Charles Des Guerrots; 200: Pierre Rouyer.

Archives de l'Assessorat de l'éducation et de la culture. Fonds Service du catalogue et des biens architecturaux. Avec l'autorisation de la Région autonome Vallée d'Aoste.

BIBLIOGRAPHIE

André Donnet, *Saint Bernard et les origines de l'hospice du Mont-Joux,* Saint-Maurice, 1942.
Louis Blondel, *L'hospice du Grand-Saint-Bernard. Etude archéologique, Vallesia 2 (1947),* pp. 19 à 44.
G. Judica Cordiglia, *Saint Bernard et les restes de ses ossements en la cathédrale de Novare, Bulletin de l'Académie Saint-Anselme 65 (1970-71),* pp. 41 à 53.
Lucien Quaglia, *La Maison du Grand-Saint-Bernard des origines aux temps actuels,* Martigny, 1972 (2ᵉ édition).
Marcel Marquis, *Grand-Saint-Bernard. Chiens, Cani, Hunde, Dogs,* Martigny, 1988.
Daniel Thurre, *L'hospice de Grand-Saint-Bernard, son église, son trésor,* Berne, 1994.
Lucien Quaglia, *Saint Bernard de Montjou, patron des alpinistes,* Aoste, 1995 (2ᵉ édition).
Gregor Zenhäusern, *Le Grand-Saint-Bernard, in Helvetia Sacra IV.1*
Les Ordres suivant la règle de saint Augustin, Les chanoines réguliers de Saint-Augustin en Valais,
Bâle et Francfort-sur-le-Main, 1997, p. 23 à 220.
Etienne-Pierre Duc, *La maison du Grand-Saint-Bernard et ses très révérends prévôts,* Aoste, 2000 (2ᵉ édition).
Lorenzo Appolonia, François Wiblé, Patrizia Framarin (dir.), *Alpis Poenina.*
Grand-Saint-Bernard: une voie à travers l'Europe. Projet Interreg IIIA Italie-Suisse 2000-2006, Aoste 2008.
Pierre Rouyer et Andrea Alborno, *Un cœur dans les pierres – L'hospice du Grand-Saint-Bernard aujourd'hui,*
Les Editions du Grand-Saint-Bernard et les Editions du Midi, 2009.
José Mittaz, Dominique Mertens, Théo Mertens, *1000 ans de fraternité – La vie au Grand-Saint-Bernard.*
Les Editions du Grand-Saint-Bernard, 2010.
Jérôme Emonet, *Le Bienheureux Maurice Tornay, dernier martyr de la mission du Tibet,*
Mission du Grand-Saint-Bernard, Martigny, n° 3, 2010.

REMERCIEMENTS

Les auteurs remercient les organisations, les institutions et les entreprises qui ont apporté leur soutien à l'élaboration de cet ouvrage. Il s'agit de Pro Grand-Saint-Bernard, du Canton du Valais, de Transports de Martigny et Régions SA (TMR), du Pour-cent culturel Migros, de la Loterie Romande. de la commune de Bourg-St-Pierre et de Pays du St-Bernard.
Ce livre a également bénéficié de la collaboration de la Médiathèque Valais, à Martigny, qui assure la conservation et la diffusion des archives photographiques de la congrégation du Grand-Saint-Bernard.

Pro Grand-Saint-Bernard est une association à but non lucratif fondée en 1984. Son comité réunit des restaurateurs et des commerçants actifs au col du Grand-Saint-Bernard, ainsi qu'un représentant de la congrégation du Grand-Saint-Bernard. Ses buts sont de conserver et de mettre en valeur le patrimoine historique et culturel du col, de préserver le site naturel et de veiller au développement touristique local. L'association collabore avec la Fondation Barry. Plusieurs réalisations importantes ont eu lieu depuis 2012, en particulier la remise en état du sentier du tour du lac et le nettoyage de l'ancienne station supérieure du téléphérique de la Chenalette. Des enfants des écoles de Saint-Rhémy-en-Bosses, Saint-Oyen, Etroubles, Bourg-Saint-Pierre et Liddes ont par ailleurs participé à des journées de sensibilisation à la protection de l'environnement.
Pour soutenir l'association: www.prograndsaintbernard.ch

INFORMATIONS PRATIQUES

L'hospice du Grand-Saint-Bernard reste ouvert toute l'année. La route du col est normalement ouverte du 1er juin au 15 octobre. La compagnie de transports TMR dessert le col depuis Martigny via Orsières, de juin à septembre. Pendant la saison hivernale, les personnes qui montent à l'hospice doivent être équipées de skis ou de raquettes à neige. Avant d'entreprendre une montée au col en hiver, il est impératif de se renseigner sur l'enneigement et les conditions météorologiques.
Téléphone: +41 27 787 12 36
Courriel: hospice@gsbernard.net
Site web: www.gsbernard.net

Quand deux chanoines se rencontrent dans la montagne...